対人援助の作法

誰かの力になりたいあなたに必要なコミュニケーションスキル

竹田伸也

編著

中央法規

はじめに

　この本を手に取っていただき、誠にありがとうございます。タイトルを見て何かを感じたあなたに出会うために、私たちは力いっぱいこの本を作り上げました。

　この本が生まれた経緯を、少しだけお話しさせてください。この本の執筆は、「地域で支える仕組み研究会」のメンバーで手掛けました。この研究会は、社会福祉法人地域でくらす会の井上徹理事長が呼びかけて立ち上がりました。誰もが地域で安心して暮らしていける仕組みを研究することを目的としていて、福祉、介護、医療などさまざまな領域で働く援助者が参加しています。

　その研究会のメンバーたちで、毎年「対人援助基礎研修」という研修会を鳥取県で開催しています。この研修会では、相手と信頼関係を築くためのコミュニケーションや問題行動の理解と対応など、どのような領域で働く援助者であっても身につけておいてほしいテーマを扱っています。

　このうち、信頼関係を築くためのコミュニケーションスキルは、すべての援助者にとって大切なテーマであるにもかかわらず、学ぶ機会が十分に保障されていないことが、全国各地の実情を調べる過程で明らかになりました。同じ頃、米子市福祉政策課長の大橋賢二さんから、次のような指摘を受けました。「人々が共に暮らしていくために支え合うという営みは、すべて対人援助だと考えることができる。だとすれば、市役所の窓口で住民に対応することも、サービス業の人が接客することも、対人援助だと思う。なのに、人にかかわる仕事をする人が共通して身につけておくべき『対人援助の作法』のようなものがないのはどうしてだろう」と。

　「必要なのにないのなら、みんなで一緒に作ってしまおう」ということで、研究会の有志で「対人援助の作法テキストワーキンググループ」を立ち上げました。そして、仕事が終わった夜に定期的に集まり、「援助者に必要な作法は何か」「どのようなコミュニケーションスキルを高めると、よりよい援助に結びつくか」といった議論を重ねながら、この本の構成と執筆を推し進めました。

　「この本を、対人援助にかかわる全国の人々に使ってほしい」というメンバーの強い想いを受け、私はご縁のあった中央法規出版の米澤昇さんにこの

企画について相談しました。そして、米澤さんのご尽力と出版社の皆さまのご理解を得て、本書の出版が実現したのです。米澤さんには、執筆の過程でたくさんの豊かな示唆を届けていただきました。また、本書のデザインは岡田真理子さんに、イラストは坂木浩子さんに手掛けていただきました。お二人は、これまで中央法規出版から自著を上梓させていただいたときに、一緒に本の製作に取り組んでくださった方々です。

　本書のモチーフは、オレンジ色の太陽にしました。自分だけが輝くゴールドではなく、周りを輝かせたり暖かくしたりする太陽のような援助者としてのあなたを想像して、そうしました。章を読み進めるにつれ、地平線から太陽はゆっくりと昇っていきます。それは、援助者としてのあなたのコミュニケーションスキルが高まることを意図しています。しかしそれだけではなく、対人援助の作法を身につけた援助者が増えることで、私たちの社会がもっと温かくなり、もっと生きやすくなる、そうした希望を表しています。

　執筆者に名前を連ねていませんが、あなたに届けるために力をこめて執筆してくれた研究会メンバーもいます。本書の製作に携わった人はたくさんいますが、みんなで共有した想いは1つです。それは、「生きづらさを抱えた人が、"生まれてきてよかった"と思える社会の実現」です。その想いがつまった本書が、対人援助を担うあなたのチカラとなることを、製作者一同強く願っています。

　読んでいただくとわかりますが、この本は狭い意味での援助者を読者ターゲットとしているだけではなく、人とかかわりをもつすべての人に向けて書かれています。ですので、「人とのかかわりを、もっとよいものとしたい」と願う人にとっては、この本に紡がれたすべての話は、きっと役に立つことだろうと確信しています。この本は、研修会のテキストとしても、個人で習得するための読み物としても、使い勝手がよいものに仕立て上げたつもりです。あなたのコミュニケーションスキルを、本書を通してさらに押し広げてください。

　本編に入る前に、1つだけあなたにお願いがあります。
　あなたは、自分の弱さを自覚していますか？　だとすれば、その自覚は援助者としてのあなたの力を強めるはずです。なぜなら、自分のもっている弱

さを、真正面からしっかりと受け止めるという態度は、私たちが全力で向かわなければならない弱者支援に、絶対的に不可欠だからです。

　生きづらさを抱えた人を「弱者」と呼ぶのであれば、そうした弱者を支えるのは誰の役割なのでしょう。慈愛に満ちた人？　自分のことを差し置いて、何よりも他人の幸せを真っ先に考えられる人？　もし、こうした人が弱者支援の中心的な担い手となるのであれば、弱者支援は遠からず限界を迎えます。なぜなら、こうした人は「強者」の立場にいるからです。慈愛に溢れ、自己利益よりも他人の利益を優先できる強者は、世の中に一握りしかいません。そうした「限られた強者」ベースで弱者支援の仕組みを考えても、それが持続するのは困難です。

　だとすれば、誰が弱者支援を担えばよいのでしょう。そして、強靭な相互扶助を社会にもたらすには、何がその力となるのでしょう。そんな問いに、あるヒントを届けてくれる研究結果が、イェール大学のカレン・ウィンによって報告されました（Wynn, 2016）。彼女は、「自分と似た者を好ましいと感じ、自分と異なる者を差別する心性を、人は乳児期から有している」という知見を見出しました。この見解に基づくと、障害者やLGBT、異なる民族等に向けられる差別がなぜ生まれるか、その理由の一端が理解できますね。

　カレンの知見に基づけば、「自分は、特定の集団にではなく、より大きな1つの集団に属している」という帰属意識を私たちがもつことによって、より強靭な相互扶助の力が生まれるということになります。誰もが「自分もその集団の中にいる」という自覚をもつことができれば、似た者同士で結ばれたその集団の構成員に対して「好ましい」という感情を抱けるからです。

　より多くの人を1つの集団の中に結びつける共通点なんてあるのでしょうか。あります。それは、「弱さ」です。違いがあるとすれば、「自分のもっている弱さを自覚しているかしていないか」だけです。私たちが、「自己の一部として感じられるような大きな1つの集団」に属していると思えるとすれば、その集団は「誰もが弱さを抱えた存在である」という事実によって結ばれた集団です。

　いわゆる「弱者」として語られる高齢者や障害者、難病者を支えるという営みは、「時間軸の異なる自分への支援」だと、私は思います。運よく長生

きすれば、いずれ私たちも寝たきりになったり認知症を患ったりすることになる。高齢者を支えることは、いつか訪れる老いた自分への支援でもあるのです。私の母親は、難病による障害を抱えています。母親は、難病や障害は決して遠い世界の話ではなく、明日誰にも起こり得ることを、身をもって教えてくれました。障害者や難病者を支えるという行為も、時間軸の異なる自分への支援なのです。自立して生きることができない子どもを、なぜ大人は守らなければならないか。それは、私たち大人も、かつて子どもとして大人から守られながら成長したという紛れもない個人史があるからです。誰の子であれ、子どもを守るというのは、かつての自分を守るという意味で、時間軸の異なる自分への支援なのです。

　自分のなかにある弱さを自覚できるからこそ、弱者を見て「あそこに私がいる」と思えるのです。対人援助とは、「弱さという共通点を抱えた同胞に対するサポート」です。この本を手にとっていただいたからには、あなたのなかに「よりよい対人援助をしたい」という気持ちがあるはずです。その対人援助の力を押し上げてくれるものこそ、あなたのなかにある弱さの自覚です。

　長くなりましたが、本編に入る前にあなたにお願いしたいこと。それは、「自分のなかにある弱さを、優しく受け止めてください」ということです。そうする勇気がもてないようなら、ご自分のなかに間違いなくある弱さに、あなたのペースでよいので温かいまなざしを向けてください。大丈夫。かく言う私も、弱さをたくさんもっています。そのうえで、生きづらさを抱えた人が生まれてきてよかったと思える社会の実現のために、自分にできることをしていこうと思っています。

　さて、前置きはこのあたりにして、そろそろ本編に入ることにしましょう。あなたも私たちも、「生きづらさを抱えた人が、生まれてきてよかったと思える社会の実現」という価値に向けて努力したいと願う同志です。その価値を具体化する営みは、お互いにもう始まっています。

竹田　伸也

引用：Wynn K. Origins of Value Conflict: Babies Do Not Agree to Disagree. Trends Cogn Sci 2016; 20 (1): 3-5.

もくじ はじめに

1 対人援助の作法を身につける前に

1 「対人援助」とは？ —— 10
2 スキルは目的によってよくも悪くもなる —— 10
3 よき心構えのうえによき作法あり —— 11

💡 作法のお稽古　自分のコンパスを探してみよう —— 15

2 言葉を用いず信頼関係を築く作法

1 こんな会話がありました…… —— 22
2 非言語コミュニケーションが信頼関係を築くワケ —— 24
3 相手と信頼関係を築く非言語コミュニケーション —— 26
4 相手の非言語メッセージにも注意を向ける —— 36

💡 作法のお稽古　稽古その壱：うなずきの有無によって —— 37
　　　　　　　稽古その弐：表情のチカラってすごい —— 38
　　　　　　　稽古その参：姿勢や視線が与える影響 —— 39

3 相手の気持ちに寄り添う作法

1 「この人なら大丈夫」という安心感 —— 44
2 自分のフィルターを外す —— 45
3 相手のありのままの語りを受け止める傾聴 —— 47
4 共感とはこちらの理解を相手に伝え返すこと —— 49
5 理解したことを伝え返す共感的応答 —— 51
6 伝え返すという共感的応答のもつチカラ —— 53
7 こちらの気持ちを伝え返すという共感的応答 —— 55

💡 作法のお稽古　稽古その壱：自分のフィルターをのぞいてみよう —— 57
　　　　　　　稽古その弐：傾聴にチャレンジしよう —— 58
　　　　　　　稽古その参：コンパクトにまとめて伝え返してみよう —— 59

4 相手に質問するとき の作法

1. 質問にはさまざまな力がある —— 64
2. 質問でつまづく4つの落とし穴 —— 65
3. 基本は「開」「閉」の2つだけ —— 69
4. 質問の質を上げるちょっとしたコツ —— 73

📝 作法のお稽古　稽古その壱：相手をより理解する
　　　　　　　　　　　　質問力を高めよう —— 80
　　　　　　　稽古その弐：質問の順番をおさえよう —— 82
　　　　　　　稽古その参：ロールプレイ（役を演じる）で
　　　　　　　　　　　　力量UP —— 84

5 相手に伝えるとき の作法

1. 伝えるということ —— 90
2. よくないことを伝える前の心配り —— 92
3. 相手に伝わりやすい伝え方 —— 95
4. 角が立たない伝え方 —— 99
5. 伝えやすいタイミングをねらう —— 103

📝 作法のお稽古　稽古その壱：言葉のチカラに注目しよう —— 106
　　　　　　　稽古その弐：相手を大切にする伝え方を磨こう —— 107

6 相手のもっている力を 引き出す作法

1. 相手がすでにもっている力を見つける —— 112
2. 相手のもっている力を引き出すスキル —— 117

📝 作法のお稽古　稽古その壱：自分の強みを見つけてみよう —— 129
　　　　　　　稽古その弐：ネガティブな訴えをリフレイムしよう —— 130
　　　　　　　稽古その参：相手のよい点を「私」の言葉で伝えよう —— 131

7 苦手を感じず相手とかかわる作法

1 苦手と感じる場面は？——136
2 苦手を感じるこころのしくみ——138
3 苦手意識は克服できる！——140
4 苦手を克服するための枠組みづくり——146

🍷 作法のお稽古　苦手を克服！　枠組みづくり——154

8 対応が困難に思える人への作法

1 対応が困難に思えるワケ——162
2 対応が困難な事例で考えてみよう——166
3 "対応困難ケースをものともしない人"から学ぶ——172
4 対応が困難だと思わないために——181

コラム

キーワード——18
Aufheben——40
相手の悲しみに寄り添う——60
私がここで働く理由——86
信じて待つ——108
ポジション——132
逆境に負けないココロ——158

おわりに
編著者・執筆者一覧

1
対人援助の作法を身につける前に

1 「対人援助」とは？

　この本では、仕事として対人援助に携わっている人だけでなく、普段人とかかわっているすべての人を読者として想定しています。対人援助とは、「人が共に生活していくための助け合い」の1つの形であり、立場や職業に限らない普遍的な営みととらえているからです。

　患者や利用者に医療・福祉サービスを提供することも対人援助、行政の窓口で市民に書類の説明をすることも対人援助、悩みを抱えた友人と一緒に対処法を考えることも対人援助の1つです。そこでこの本のなかでは、サービスとしての援助から日常の些細な助け合いまでを含んで、「対人援助」という言葉を用いています。

2 スキルは目的によって よくも悪くもなる

　この本では、コミュニケーションに焦点をあてて、対人援助の作法について話を進めます。作法と言うと難しく感じる人もいるかもしれませんが、「身につけておくと対人援助をよりよいものにするスキル（技術）」と考えていただいたらよいでしょう。

　どのような形の対人援助にも共通のスキルがあり、そのスキルを身につけることが相手や自分の生活を豊かにする近道となります。今、あなたが当たり前に乗っている自転車や車だって、最初は運転のスキルを練習して身につけました。同じように、日常的な営みである対人援助にもちょっとしたスキルが必要なのです。ちょっとしたスキルを練習することによって、対人援助の送り手はもちろん、受け手にも利益がもたらされることとなります。

　しかし、スキルは使い方を誤れば、役に立たなかったり相手を傷つけてしまったりすることにもつながります。家族に美味しい料理を作

るために包丁を使うことと、人を傷つけるために包丁を使うことは同じでしょうか。同じ道具を使っているのに、前者は人の生活を豊かにし、後者はその逆の結果を生みます。スキルという道具を使うときも、使用する目的や人としての心構えが結果を左右します。

3 よき心構えのうえに よき作法あり

　対人援助スキルの効果を最大化するには、第一に自分が大切にしたいことを意識しておくこと、第二に相手との信頼関係を重んじることの2点が重要となります。

1 自分が大切にしたいことは何か

　あなたが人として、あるいは援助者として大切にしたいのはどんなことでしょう。少し考えてみてください。
　どうしたいか（＝道具、スキル）の部分ではなく、その前提として

どうありたいか（＝心構え、コンパス）を考えておくことは重要です。対人援助のスキルをしっかりと身につけたうえで、「援助者として自分はこうありたい」というコンパスをもっておくと、そこから導き出される対人援助は必ずよいものとなります。

「人を喜ばせたい」というコンパスは包丁を美味しい料理を作る利器にしますが、「人を支配したい」というコンパスは包丁を凶器に変えてしまうでしょう。あるいは何のコンパスも持ち合わせていない場合、包丁は使われることさえない無用の長物に変わるかもしれません。

対人援助の場でも、相手とコミュニケーションを図る道具であるはずの体や言葉が、凶器や役に立たない物に変わることがあります。その典型としては、虐待やいじめなどといった暴力が挙げられます。それ以外にも、よかれと思った支援が結果的に相手の力を奪ってしまったり、余計なお世話と思われたりすることもあるでしょう。スキルを相手の生活を豊かにするための利器にしてくれるあなたのコンパスは何ですか？

2　対人援助の成功の秘訣は信頼関係にある

信頼関係とは、相手との良好な人間関係のことです。信頼関係ができていると、相手は「安心できる」とか「この人の言うことなら耳を傾けてみよう」という感覚を覚えると思います。

信頼関係を築くスキルはこの後の**第2章**に詳しく載っていますが、ここではもっと基本的な心構えについて2点紹介することとします。第一に、相手とコミュニケーションをとる際はあなたの個人的なモノサシ（マイルールや偏見、固定観念など）をできるだけ家に置いておき、コンパスとスキルだけを持参してください。自分のモノサシを持参してしまうと、無意識に相手を評価してしまいがちです。

評価とは、相手を「○○な人だ」とラベリングすることや、良し悪しの判断をすることを指します。例えば、相手を「この人は△△だ」と評価してしまうと、私たちは「△△」という色眼鏡を通して相手の

情報をキャッチすることになります。「△△」に合致する情報はその人への評価をより強める材料として利用されますし、逆に合致しない情報は「例外」として都合よく解釈されたり、情報として認識されないことすらあります。

　このような情報処理の歪みを「バイアス」と呼びます。バイアスは評価を生み、評価は「やっぱりこの人は△△な人だ。△△な人は、もっと□□になるべきだ」といった否定や意見の押し付けにつながりかねません。信頼関係を築くためには、相手をありのままに受け止めることが大切であり、そのためには個人的なモノサシをいったん家に置いて、できるだけバイアスの発生を抑えることがポイントです。バイアスを抑える具体的な方法については、**第3章**に詳述していますので楽しみにしていてください。

　第二に、対人援助においてはこちらから相手を信頼してみましょう。これは「好意の返報性」という原理に基づいた方法です。好意の返報性とは、好意を受け取った人は相手にお返しをしたくなるという人間の性質のことです。自分を助けてくれた人が困っているとき、今度は

自分がその人の力になりたい、と思うのはこの性質を表しています。「信頼」も好意の1つです。他者から信頼されていると感じると、人はその期待に応えようと思えたり、自分の気持ちを打ち明けることができたりします。このようなやりとりの積み重ねが信頼関係の構築へとつながっていくのです。

逆に言えば、敵意や警戒心を伝えてしまうと、相手も敵意や警戒心を抱いてしまいがちです。「この人はどんな人だろう……。嫌な人だったらどうしよう」とモノサシをガチガチに握りしめてこちらをうかがっている人に、あなたは安心を感じるでしょうか。==バイアスをできるだけ少なくし、好意の返報性を利用する==ことで信頼関係は築きやすくなります。

コンパスと信頼関係はすぐに完成するものではありませんし、一度完成して終わりというものでもありません。どんなコンパスがよいかはそのときの自分のキャリアや置かれている状況によって異なるでしょうし、信頼関係は相手とのやりとりのなかで徐々に育まれていくものです。コンパスと信頼関係はそれ自体を完成させることが重要なのではありません。両者を意識しながら、対人援助のスキルを用いることこそが重要です。そうすることでスキルが利器となるのです。

図1　コンパス、信頼関係、スキルの関係

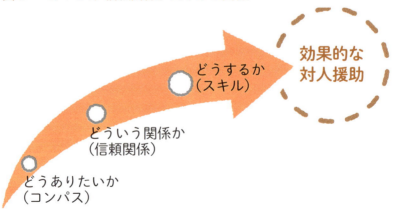

自分のコンパスを探してみよう

　コンパスを明確化する方法の1つに自問自答のテクニックがあります。自問自答は過去のことを振り返ったり後悔したりするときにだけ使うものではありません。現在の自分に焦点化して使うことで、コンパスを明確にしてくれるツールに生まれ変わります。やり方は簡単で、「どうして？」というフレーズを答えが出なくなるまで繰り返すだけです。以下の手順に従ってやってみてください。

① 　あなたが対人援助に携わる理由、もしくはこの本を読もうと思った理由を「どうして〜のか？」という疑問形にする（例.「どうして対人援助に携わりたいのか？」「どうしてこの本を読もうと思ったのか？」）。

② 　出てきた答えについて、さらに「どうして〜のか？」と尋ねる（例.「どうしてこの本を読もうと思ったのか？」→「対人援助のスキルを高めたいから」→「どうして対人援助のスキルを高めたいのか？」→……）。

③ 　上記の手続きを繰り返し、答えが出てこなくなったら、それが自分のコンパスとなりそうか検討してみましょう。コンパスとなる答えは自分の手帳やスマホなど、目の届くところに書き留めておくとよいでしょう。

④ 補足ですが、コンパスはその人のライフステージや経験によって変わり得るものですし、人によっては複数存在するかもしれません。また、絶対的なルールではないことに注意してください。もし、自分のコンパスに従うためにさまざまな

コンパスを探すお稽古帳 [お手本付き]

[お手本：英語をしゃべれるようになりたいAさん]

どうして？「英会話に通う」のか？
→ ❗「英語をしゃべれるようになりたいから」

→**どうして？**「英語をしゃべれるようになりたい」のか？
→ ❗「海外旅行に行ったときに困るから」

→**どうして？**「海外旅行に行きたい」のか？
→ ❗「旅行の幅が広がるから」

→**どうして？**「旅行の幅を広げたい」のか？
→ ❗「まだ知らないや世界や人に出会いたいから」

Aさんのコンパス：
　　まだ知らない世界や人に出会いたい
　　（そのために、英会話を学ぶ）

無理をしている人がいたとしたら、本末転倒です。コンパスはそれ自体が目的やゴールとなるものではなく、あなたの仕事や人生の大体の道標となるようなものと考えてください。

[お稽古本番]

　どうして？　　　　　　　　　　　　　　　のか？
　　→❗　　　　　　　　　　　　　　　　　から。
→どうして？　　　　　　　　　　　　　　　のか？
　　→❗　　　　　　　　　　　　　　　　　から。
　→どうして？　　　　　　　　　　　　　　のか？
　　　→❗　　　　　　　　　　　　　　　　から。
　→どうして？　　　　　　　　　　　　　　のか？
　　　→❗　　　　　　　　　　　　　　　　から。
　　→どうして？　　　　　　　　　　　　　のか？
　　　　→❗　　　　　　　　　　　　　　　から。

自分のコンパス：

コラム キーワード

「**地**域共生社会の実現に向けて頑張ろう」というメッセージが、繰り返しアナウンスされています。政府が声高に叫ぶものですから、警戒する必要はあるものの、このメッセージが描き出す社会は一考の価値があります。こうした社会を明快に語ることができないのが政策責任者として痛いところではありますが、いくつかのキーワードは思いついたので、あとの展開をどうかよろしくお願いします。

【自立】

これはもちろん受け売りです。ですが、社会福祉サービスにおいては欠いてはならない視点です。政府がそう言っているからではなく、「自立」は人の生き方の本質であるからですし、社会福祉の方法からみても、「自立」はサービスの前提でなければならないでしょう。

そこで、「自立」に対する対人援助職の心得を「深い人間的関心を寄せながら、静かに見守ること。相手の発語を待って、その要請には全力を傾けて対処する」としたらどうでしょう。

日本では、「相手の状態を察すること」をよいこととしているようですが、対人援助職においては「要請と応答」の文化が意外とやりやすいかもしれません。

【エンパワメント】

「自己決定を実現する勇気をもつこと」のように感じます。「岩場に立つジャングル大帝レオ」のような、体がブルブルっとする雰囲気です。ある意味「エイエイ、オウ！」みたいな。

地域福祉実践の中心にソーシャルワークを措定するならば、エンパワメントは、ソーシャルワーカーの最大の関心事にならなくてはならないし、ソーシャルワークが社会への働きかけを含むのならば、相談援助の対象者のみならず、問題解決の過程にかかわるすべての人をエ

ンパワメントするようにならなければなりません。

　合言葉は「共に、頑張ろう!!」です（こぶしをつきあげると雰囲気が出ます）。

【ソーシャルワーカー】

　他職種の専門家同士を結び付けるには、ことの性質から見て、人の生活・社会を、友の愛をもって眺め、人の生活に見通しをつけることができる人が必要なのですが、わたしの勘では、ソーシャルワーカーがその任務にふさわしい。

　社会福祉主事の資格は、「人格高潔、思慮円熟」ですからね。

　それに、ソーシャルワーカーは、訓練を受けていますし、その職業的倫理綱領は、まさしく人間愛に満ちています。

　「困難に立ち向かうべき人を勇気づけつつ、支援資源を統合的に供給すること」が、地域包括ケアシステムの基本的方法であるとすれば、その職業的ディレクターは人間愛に満ちたソーシャルワーカーにほかならない、こう思いましょう。

【互助】

　地域共生社会は互助を基盤にしようとしています。胡散臭いところもありますが、分厚い市民社会を作るのだという意気込みはよしとしましょう。

　「情けは人の為ならず」の解釈には「巡り巡って」という語句がくっついています。善意を受けた人が、その善意を他者に贈り返し、善意が人の世に循環していくさまを示しているのでしょう。

　互助は、そうした衝動の発露を促していくほうにあるべきではないでしょうか。ゆえに、善意をポイントに変換するというのは、流行ではありますが、「道」を外れやすいかなと思っています。

2
言葉を用いず信頼関係を築く作法

対人援助を進めるには、相手との信頼関係が不可欠です。相手と信頼関係を築くための、とっておきの方法があります。それが、非言語コミュニケーションです。言葉以外のやりとりであるこのコミュニケーションをうまく使うことで、相手との信頼関係を深めることができます。言葉を使わずに信頼関係を築くための作法を手ほどきします。

1 こんな会話がありました……

【AさんとBさんの会話】
A：私の接し方がよくないのか、最近妻はささいなことでイライラしてしまうんです。
B：接し方がよくないのですか？
　（と、腕を組みAの顔をジロジロ見る）
A：私としては、よくやっているつもりなんですが、どうも妻にはそう映っていないようで……。
B：あなたは頑張っているのに、奥さんには伝わっていない。
　（と、強い口調で言う）
A：やっぱり、私が悪いんですよね……。
　（何だか、責められているようだな……）

【Aさん（患者）とBさん（医療者）の会話】
A：医者にガンと診断されました。自分がどうしてこんな病気にならないといけないのか、納得できません。
B：突然のことで、納得できないですよね。（と笑顔で応じる）
A：今まで、それなりに頑張ってきたのに、その結果がこれかと思うとやり切れませんよ。

> B：今まで頑張ってこられてきたのですね。（と笑顔で応じる）
> A：もういいです！（怒って部屋を出ていく）
> B：？？？

> 【AさんとBさん（会社の同僚）の会話】
> A：どうしよう！　大変なことになった！　もうダメだ！
> 　　（と早口で話す）
> B：どうしたの？　何があったの？（と早口）
> A：それが、締切が近い仕事がまだ終わってなくて、間に合いそうにないんだ。（と早口）
> B：間に合わないって、どのくらい仕事がたまっているの？
> 　　（と早口）
> A：それはもうたくさん！　何だか、あなたと話していると、もっと焦りだしたけど何で？（と早口）
> B：何でだろうね！（と早口）

　いずれの会話も、AさんはBさんに話を聞いてもらっているうちに、不快な気分が強まっています。やりとりを見ると、Bさんの言葉による応答はさほど悪くありません。では、なぜAさんの不快な気分は強まったのでしょうか。それは、Bさんの言葉以外のやりとりがよくなかったからです。

　私たちは、言葉だけでコミュニケーションを行っていると思いがちです。けれども、実際は言葉以外のところで、たくさんのコミュニケーションを行っています。言葉以外のやりとりを、「非言語コミュニケーション」といいます。3つの会話の失敗例を見てわかったように、非言語コミュニケーションは、相手とのコミュニケーションがよいものとなる大きな鍵となります。そして、非言語コミュニケーションをうまく用いることで、相手との信頼関係が築きやすくなるのです。

この章では、非言語コミュニケーションを用いて相手と信頼関係を築く作法についてお話しします。その前に、なぜ非言語コミュニケーションが、相手と信頼関係を築きやすくしてくれるかについて、考えてみましょう。

2 非言語コミュニケーションが信頼関係を築くワケ

　相手と信頼関係を築くためには、「この人なら大丈夫」と、相手に安心感をもってもらわなくてはなりません。では、どんな人だと話をしていて安心感がもてるでしょうか。少し考えてみてください。

　話をしていて安心感がもてる人は、その逆、つまり話をしていて安心感がもてない人のことを考えてみることでハッキリします。

　話をしていて安心感がもてない人とは……。

　<u>こちらに視線を向けずに生返事をする人</u>。言葉では、「へー、それはすごい」とか「大変でしたね」と言いつつ、こちらに視線を向けてはいない。こんなとき、ちゃんとこちらの話を聞いてくれているようには感じられないので、話す気が失せてしまいますね。

　<u>少し話したところで説教に変わる人</u>。「仕事に就いて1か月経ちました。だけど、職場の雰囲気がつらくて、もう辞めたいんです……」「あなたねぇ。1か月でそんな弱音をはいちゃダメだよ。3年は働かないと」こんなこと言われたら、「この人に相談しよう」という気は萎えちゃいますね。

　<u>発言を否定的にとらえて怒り出す人</u>。「最近、帰りが遅くない？」「それは、俺が仕事終わった後、フラフラと寄り道でもしてるって言いたいのか!?　ふざけるな!!」ただ自分の気持ちを伝えただけなのに、そ

れを否定的にとらえて一方的に怒られたりすると、安心して気持ちを伝えることもできませんね。

　<mark>聴き手の価値観で、よい悪いをすぐに評価する人。</mark>私たちが人に話を聴いてもらいたいときって、自分がよいだの悪いだのを評価してもらいたいわけじゃない。まずは、自分の抱えている気持ちをわかってほしいんです。

　<mark>聴き手の興味で質問攻めにする人。</mark>「最近、夫への気持ちが離れてきて。別れたほうがいいような気もしています」「どうしたの？　何があったの？　旦那が浮気でもした？　あなたに好きな人ができたの？」。大体、こちらが十分に話をしていないのに向こうから質問が矢継ぎ早に飛んでくるときって、向こうの興味で聞いてしまっていることが多いんです。

　話をしていて安心感がもてる人は、この逆です。
　ちゃんとこちらに向いて、真剣に話を聞こうとしてくれている。どんな話をしても、「うんうん、それで」と関心をもってくれているのが伝わる。こちらの発言を、頭ごなしに否定しない。恥ずかしいことも、軽蔑せず聞いてくれる。うまく話ができなくても、怒ったりせず待ってくれる。こんな態度でいてくれる人には、安心して話をすることができますね。
　さて、あなたも話をしていて安心感がもてる人とはどのような人か、いろいろと考えてみたと思います。安心感がもてる人の特徴は、<mark>「相手から大切にされているという感覚」</mark>を話し手に与えていることです。そして、この感覚を高めるようなコミュニケーションができると、信頼関係は必ず育まれます。
　だけど、そんな感覚を高めるようなやりとりなんて、そう簡単にできるのでしょうか。それが、できるんです！　これからお伝えする非

言語コミュニケーションは、「あなたを大切にしています」というメッセージを相手に送るという役割があります。だから、非言語コミュニケーションをうまく用いることで、相手との信頼関係を育みやすくなるのです。

私たちが相手にかける言葉と非言語的な態度が一致していないと、言葉の説得力が失われます。例えば、「それは、さぞおつらかったでしょうね」と相手を労わるような言葉をかけても、腕時計をチ

ラチラ見たりしていると、「この人の言葉は、上滑りだ」と思われます。「よく頑張りましたね。すごい！」と相手を無表情な顔で褒めても、「この人、ほんとにすごいと思っていないよ」と簡単に見抜かれてしまいます。言葉に力を宿らせる働きも、非言語コミュニケーションにはあるのです。

どうですか？　非言語コミュニケーションについて、もっと深めたり身につけたりしたいという気持ちになってきてはいませんか？　それでは、これから非言語コミュニケーションについて一緒に深めていきましょう。「それはよく知ってる」と自分のもっている知識を振り返ることもあれば、「普段なにげなくしていた動作には、そんな意味があったんだ」と新たな気づきを得ることもきっとあるはずです。

3　相手と信頼関係を築く非言語コミュニケーション

実は、時期によって用いる非言語コミュニケーションは違ってきます。時期とは、相手と出会う「コミュニケーションのはじまり」の場面と、相手との関係を深める「コミュニケーションが進んだ」場面です。用いた非言語コミュニケーションが時期に応じたものとなってい

なければ、相手との信頼関係を育むどころか、相手に不快感を与えてしまうこともあります。

表1　場面に応じた非言語コミュニケーションの使い方

非言語	出会いの場面	関係を深める場面
表情	柔らかい笑顔	話題に応じた表情
口調	ゆっくり、敬語で	
姿勢	背筋を伸ばして真っすぐ（腕や脚を組むのは控える）	軽い前傾や反響姿勢
目線（視線）	相手と同じ高さ	目を合わせたりそらしたりする
相手との位置（距離）	相手から少し斜めの位置に座る（真正面から少しずれたところに）	手を伸ばせば触れられる距離 相手が孤独や心細さを感じているときは隣に座る
うなずき	適度なうなずき（緊張しているとうなずけないので、首や肩周りをほぐす）	適度なうなずき
沈黙	話題に関連した質問を投げかける	考えや気持ちを整理している沈黙は、そのまま待つ

1　相手との出会いの場面での非言語コミュニケーション

　初めての出会いのとき、相手は私たちの外見からよい印象、または近づきにくいなどの印象を受けます。この初対面での第一印象が、その後の人間関係を大きく左右することもあります。

　出会いの場面から相手との関係づくりは始まっていますので、外見から放たれる非言語メッセージをうまく活用して初対面で安心感をもってもらえるような印象を与えることが大切です。

❶ 装い

　服装や髪形、メイクなどは比較的自分で操作しやすい部分です。まず気をつけたいことは、清潔感です。そして、その場所や場面にふさわしい装いが好まれます。大切なのは自分にとって好ましい恰好ではなく、相手にとって好ましい装いに配慮しなければならないということです。

　医師がカラーコンタクトにキラキラしたつけまつげをバサバサさせながら診療して、自分では「今日のメイクは最高」と悦に入っても、患者にしてみたら「この先生、ほんとに大丈夫かな」と心配になりますよね。

❷ 表情

　窓口に、二人のスタッフがいます。一方は柔らかい笑顔で、もう一方はしかめ面です。あなたは、どちらのスタッフに声をかけますか？　もちろん、前者ですよね。

　無表情やしかめ面などは、相手に不安を与えます。初対面の場合は、なるべく柔らかく笑顔で相手に向かうのがよいでしょう。笑顔は、相手に安心感を与えます。笑顔が苦手な方は、「顔を柔らかくする」という意識で相手に向き合うようにしてみてください。

❸ 口調

　あなたが何か症状や困りごとを抱えて、病院や相談所に行ったと想像してみてください。きっと、そのときの気持ちは不安や緊張でいっぱいでしょう。それ以外にも、初めての場所に行って、スタッフに向き合うときも、緊張したり不安を感じたりしやすくなります。

　人は、不安や緊張を感じると、普段よりも早口になります。こんなとき、対応するスタッフまで早口だとどうなるでしょう。人は、同調

する生き物なので、こちらが早口だと相手はますます早口になり、不安や緊張がより高まります。この章のはじめに紹介した会話の失敗例の**【会社の同僚の会話】**を思い出してください。仕事が終わらなくて焦っているAさんは終始早口でした。それに対応していたBさんも、ずっと早口で応答していました。Bさんの早口が、火に油を注ぐようにAさんの早口を促し、Aさんはますます焦ってしまったのです。

ですので、出会いの場面では、普段よりもゆっくりと話をしてください。「同調する」という人の特徴によって、こちらがスローペースで話をしていると、相手もそれにつられて徐々にトーンが落ち着いてきます。それに従って、相手の気持ちも徐々に落ち着きます。

また、相手が成人の場合だと、どのような人であっても、はじめは「敬語」で話をするのが妥当です。人によっては、はじめから砕けた表現やため口を使う人がいます。「そのほうが、相手にリラックスして話をしてもらえるので」という理由から、そうする人もいます。けれども、出会いの場面でこれはよくありません。こちらの礼節ある口調によって、相手は「大切にされている」という感覚をもつことができるからです。

ただ、相手が子どもの場合、敬語を使うと相手を緊張させてしまうこともあります。というのは、子どもの場合、なじみの言葉は「砕けた表現」だからです。その証拠に、「昨日何をされていましたか？」「昨日は、私はゲームをしておりました。新しいゲームを手に入れることができましたので」「それは結構なことですね」なんて敬語でやりとりしている子どもを見たりしませんよね。ファストフード店などで、小学生を相手に「ご注文は何になさいますか？」と敬語で尋ねるスタッフを見かけますが、このようなマニュアル的対応は子どもに心地よいとは限りません。

❹ 姿勢

こちらの姿勢も、相手にさまざまな影響を与えます。のけぞったり

すると相手に威圧感を与え、反対に縮こまったりすると、相手に不安感を与えます。なるべく背筋をのばして真っすぐ相手に向き合うことでよい印象を与えることができます。

　また、相手と信頼関係が十分にとれていないうちは、腕や脚を組んだりするのはできるだけ控えておきましょう。こうした態度が相手には尊大に見えたり、威圧的に見えたりすることがあります。

❺ 目線（視線）

　目線が相手よりも高いと、相手に威圧感を与えます。反対に、目線が相手よりも低いと、相手に不安感を与えます。銀行や病院で、職員が膝をついて相手より目線を下げて話を聴いている様子をたまに見かけます。これは、丁寧さを演出しているのでしょうが、相手に不安感を与えるのでよくありません。ましてや、相手が怒っていたりすると、こちらの目線が低いと相手の攻撃性をより高めてしまうので危険です。目線は、相手と同じくらいの高さを保つようにしましょう。

❻ 相手との位置（距離）

　相手との位置で、相手に与える印象は全く違ってきます。初対面の人と向かい合って話すのと、少し斜めのところに位置して話すのとでは、どちらが緊張しやすいでしょうか。それは、向かい合って話すときです。なぜなら、向かい合って話をするときは、目の逃げ場が相手と自分の一直線上しかないからです。一方、相手から斜めの場所に座って話をすると、目の逃げ場が広がり相手は目線を自分で調整することができます。それによって、余分な緊張がとれ、落ち着いて話すことができます。

　とはいえ、真正面で向かい合って話すことがすべて悪いわけではありません。商談や何かの説明など、真剣な話をするときは向かい合って話したほうがよいといわれています。

2 相手との関係を深める場面での非言語コミュニケーション

相談を受ける場面など、相手との関係を深めていくことが必要なときに効果を発揮する非言語コミュニケーションについて紹介します。

非言語コミュニケーションは、特に感情的なメッセージを相手に伝えやすく、自分では意識しないうちに相手に不快なメッセージを伝えてしまっている可能性があります。しかし逆にいうと、非言語メッセージを上手にコントロールすれば、言葉でうまく伝わらない部分を補うこともできます。

❶ 相手との位置（距離）

相手との関係や接触の目的に応じて、私たちは次のような対人距離をとるとされています。

①親密距離（0〜45cm）

相手の体温やにおいが伝わる距離で、親子や恋人、夫婦など親密な間柄で許される距離です。

②個体距離（45〜120cm）

手を伸ばせば触れることができる距離で、親しい友人など私的なコミュニケーションでとられる距離です。

③社会的距離（120〜360cm）

社会的なコミュニケーションの場、例えば、職場での社交的な会話などでとられる距離です。

④公衆距離（360cm以上）

講演会での講師と聴衆など、個人的・直接的な関与が低くなる距離です。二者間のコミュニケーションにはふさわしくありません。

相談や接客など、ある程度の親密さを要する場合には、一般的に②の個体距離をとることが望ましいでしょう。①のように近すぎる距離は相手に緊張感や警戒心を与えてしまうおそれがあります。また、③

のように遠すぎる距離ではよそよそしさを感じて落ち着かないなどの居心地の悪さを与えてしまいます。

とはいえ、例えば、難病を告知されたといったように、相手の抱えた苦悩が孤独感を強めたり心細さを感じさせたりしている場合、距離をとりすぎると、相手の孤独感や心細さは余計に強められてしまいます。このような場合は、少し距離を詰めることによって、相手の孤独感や心細さを補うことができます。

<u>相手との関係性やコミュニケーションの目的によって、お互いの距離を適切に保つよう意識しておくこと</u>が大切です。

❷ 目線（視線）

視線には、相手との会話をスムーズに調節する働きがあると言われています。話を聴くときは相手の顔や目を見ることで、話をきちんと聴いていることが伝わります。しかし、じっと見つめすぎると逆に居心地が悪く、相手が話しにくくなってしまうので適度に視線をそらすことも必要です。特に、相手が感極まって涙を流し始めたとき、相手の顔を凝視してしまうと、相手は泣くに泣けません。こんなときも、視線をあえてそらすという配慮が求められます。

出会いの場面では、相手との位置によって視線の感じ方も変化するという話をしました。相手から斜めの位置に座ると、相手はリラックスして話ができます。相談を受けるときにはこの位置関係がよいとされます。相手が孤独や心細さでいっぱいのようなときは、相手の隣に座って話を聴くとよいでしょう。二人の視線が同じになるので、「世界を共有している」という感覚を味わえます。

サン・テグジュペリは、「愛し合うとは、互いを見つめ合うことではなく、同じ視線で世界を見ることである」という言葉を残しています。隣に座って視線を共有するというのは、愛の表現でもあります。

❸ 表情

　出会いの場面では、柔らかい笑顔で相手に向かうのがよいと伝えました。コミュニケーションでは、「笑顔で話を聴くことが大切だ」としばしば言われます。けれども、「どんなときも、笑顔で話を聴いたほうがよい」というのは間違いです。

　この章の冒頭で紹介した会話の失敗例の【患者と医療者の会話】を思い出してください。患者のAさんはガンを告知されてとてもショックを受けています。医療者のBさんは、言葉ではよいやりとりができていたのですが、終始笑顔でした。Aさんが怒って部屋を出て行ったわけがここにあります。Aさんにしてみたら、「私がこんなにつらいのに、なぜあなたはそんな笑顔で話が聴けるの？　しょせん他人事だからだ」との思いに駆られてしまったのです。これでは、腹が立って当然ですよね。では、医療者のBさんはどういう表情でAさんの話を聴ければよかったのでしょう。ガンを告知されたというのは深刻な話なので、深刻な表情で話を聴ければよかったのです。

　相手の話の内容がだいたいわかれば、相手の話題に応じた表情で話を聴くと、相手は話しやすくなります。楽しい話をしているのに、聴き手の眉間にしわが寄っていると「何か悪いことを言ってしまったか

な」とか「聴きたくないのかな」と不安になります。楽しい話をしているときは、楽しそうな表情が正解なのです。

❹ 姿勢

相手の話に興味をもつとき、私たちの体は自然と上体を前に傾け、足を後ろに引いた前傾姿勢になります。一方、話に退屈しているときは、後ろにもたれかかって足を延ばしたり、頭を下げたり、片方に傾けたり、肩ひじをついたりします。

また、会話の最中に時計を何度も見たり、ペンをカチカチ鳴らしたり、貧乏ゆすりをしたりすると、「話をまともに聴いてくれていない」と受け取られてしまうおそれがあります。無意識にしている姿勢や動作が相手への関心や話を聴く雰囲気に影響を及ぼしていることを意識しましょう。

1つのテクニックとして、「反響姿勢」というものがあります。これは、相手の仕草を鏡のように真似をすることです。人は似たような行動をする人に対して親近感をもつ傾向があります。さりげなく自然に相手と同様の姿勢を取ることを心がけてみましょう。

❺ うなずき

私たちは、相手と話をするとき、無意識にうなずきます。==うなずきは、「あなたの話を聴いていますよ」ということを示す非言語コミュニケーションです==。うなずきがあるのとないのとでは、相手の話しやすさは全く違ってきます。

実は、私たちは相手の話を聴いているときに、うなずけない状況が2つあります。1つは相手に陰性感情を抱いているときです。うなずきは、相手の言っていることに同意を示すという意味もあります。こちらの価値観で相手の発言を判断してしまい、相手に陰性感情を抱いてしまうと、話を聴きながらうなずけなくなります。こちらの価値観で、相手の発言を無意識に否定していないかチェックすることも大切

ですね。

　うなずけないもう1つの状況は、緊張しているときです。人は、心が緊張すると体も緊張します。体が緊張でカチカチになると、簡単にうなずけなくなります。うなずかずに聴くと、「この人、話を聴いてくれていない」と相手に思わせることにもなりかねません。相手と面談する前に緊張を感じたら、首回りや肩回りをほぐして、体の緊張を緩めておきましょう。

❻ 沈黙

　沈黙が苦手な人は少なくありません。特に、人を援助しようという人は、サービス精神が旺盛なので、沈黙が生じると「何かしゃべって沈黙を破らないといけない」と思い過ぎてしまいます。たしかに、出会いの場面で相手のことがよくわかっていないために何を話してよいかわからずに沈黙が起こることもあります。こうしたときは、相手が話しやすいように、話題に関連した質問をこちらから投げかけるとよいでしょう。

けれども、沈黙には必要な沈黙もあるのです。あなたが、何か新しい学びのために研修に参加したとします。研修講師の話がマシンガントークのように矢継ぎ早に続いたら、講師の話を理解することは難しくなります。講師がほどよく間を取ってくれると、その間に講師の言ったことを頭で整理することができるので、理解しやすくなります。

これと同じで、<u>会話中に起こる沈黙は、「考えや気持ちの整理」という意味がある場合が多い</u>のです。そうした沈黙がないのは、美味しいと評判のレストランに食事に行き、出された料理を口の中でしっかり咀嚼せず胃の中にストンと落としてしまう食べ方と同じです。食べ終えた後、他人から「あのレストランの料理どうだった？」と聞かれても、「えーと、どうだったっけ？」と味をハッキリと思い出せません。口の中でモグモグと噛んでよく味わうのと同じで、会話中の沈黙は今起きている会話をよく味わっているのです。なので、沈黙が起きたときに、すぐにそれを打ち破ろうとしないでください。

4 相手の非言語メッセージにも注意を向ける

ここまで、メッセージを伝える側の非言語コミュニケーションのポイントについてお伝えしてきました。コミュニケーションは相手とのやりとりのなかで生まれます。ということは、必然的に相手の発する非言語メッセージを読み取ることも必要になります。相手の表情やしぐさ、声の様子などから感情の変化を読み取ることは、スムーズなコミュニケーションの助けになります。

相手が「大丈夫」と言っているのに表情が暗かったり、「もうダメだ」と言いながら笑みを浮かべていたりすると、私たちは違和感を受けます。この違和感は、<u>言葉以外のメッセージに相手の本心が表れていることから生じるもの</u>です。相手が無意識のうちに発している非言語メッセージを読み取ることで、本当の気持ちに寄り添うコミュニケーションができるようになります。

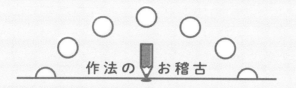

作法のお稽古

稽古 その壱 うなずきの有無によって

[本書を研修会で用いる人向け]

　二人一組になり、話し手と聴き手に分かれます。話し手は、「子どもの頃の想い出」について話をしてください。聴き手は、相手の話を3分間ずつ聴きます。尋ねたいことがあれば、質問しても構いません。

　聴き手は、前半の3分間はまったくうなずかずに、話を聴いてください。後半の3分間は、うなずきをいれながら、話を聴いてください。各自が終わったら、話し手、聴き手それぞれの立場で感想を話してみましょう。

稽古 その壱　うなずきの有無によって	
話し手の感想（気づいたこと）	聴き手の感想（気づいたこと）

稽古 その弐 表情のチカラってすごい

[本書を一人で用いる人向け]

　間近で誰かの話を聴く機会があれば、相手の話題に応じた表情を意識しながら話を聴いてみてください。

[本書を研修会で用いる人向け]

　二人一組になり、話し手と聴き手に分かれます。話し手は、「自分の趣味」について話をしてください。聴き手は、違う表情で相手の話を3分間ずつ聴きます。尋ねたいことがあれば、質問しても構いません。

　聴き手は、前半の3分間は眉間にシワを寄せながら、話を聴いてください。後半の3分間は、笑顔のような柔らかい表情で、話を聴いてください。各自が終わったら、話し手、聴き手それぞれの立場で感想を話してみましょう。

稽古 その弐 表情のチカラってすごい

話し手の感想（気づいたこと）	聴き手の感想（気づいたこと）

姿勢や視線が与える影響

[本書を一人で用いる人向け]

　間近で誰かの話を聴く機会があれば、少し前傾気味の姿勢で、相手とほどよく目を合わせるのを意識しながら話を聴いてみてください。

[本書を研修会で用いる人向け]

　二人一組になり、話し手と聴き手に分かれます。話し手は、「ちょっと困ったこと」について話をしてください。聴き手は、相手の話を３分間ずつ聴きます。尋ねたいことがあれば、質問しても構いません。

　聞き手は、前半の３分間は腕と脚を組んで、体を後ろにそらせた状態で、相手と目を合わせずに話を聴いてください。後半の３分間は、軽く前傾した状態で、相手とほどよく目を合わせながら話を聴いてください。各自が終わったら、話し手、聴き手それぞれの立場で感想を話してみましょう。

姿勢や視線が与える印象

話し手の感想（気づいたこと）	聴き手の感想（気づいたこと）

コラム

Aufheben

生活のスタイルの基本が、サービスの消費となっています。福祉もその例外ではありません。2000年に介護保険が導入されてからは、その傾向が顕著になっています。福祉も消費されることとなっていいものなのか、何か違和感をもってしまいます。今の支援はサービスの提供としてしかなされません。私の福祉へのかかわりのスタートは今から35年前の無認可共同作業所でしたが、その頃からすれば利用できるサービスは多種多様に用意されており、あたかもデパートで商品を選ぶように福祉サービスを買うことができるようになりました。利用できるサービスが不足していて自分たちで何とかしてきた時代とは大違いで、安心して暮らせるようになったのでしょうか。これが望んだ福祉だったか、違和感を覚えざるを得ません。これからの福祉のあり方はどう変わっていくのでしょうか。物事の移り変わりは上から見ると、ぐるりと回って戻っただけに見えますが、横から見ると螺旋を描いて一段高いところに登って進歩していくという物の見方があります。これを弁証法の進歩の考え方で **Aufheben**（アウフヘーベン）と言います。

例えば教育。200年前の江戸時代には、教育システムといえば寺子屋でした。一人ひとりの状況に合わせて、覚えの早い子は小さいうちからどんどん進んでいけたし、ゆっくりとしている子はその子に合わせてゆっくりと学べました。明治時代になると、近代国家になるために、教育の大量生産が必要となり、学校制度ができてきました。7歳になったらみんな一緒に同じカリキュラムを学ぶことで、効率よく教育を受けられるように発展してきました。そして今日、時代はめぐり、一人ひとりの子どもたちの個性に合わせて行う教育が注目されてきています。教育システムは「それぞれの子どもに合わせて教育する」という原点があって、「効率よく、多くの子どもたちが学べる制度にしよう」と今の学校制度へと発展して、今はまた「一人ひと

りの個性に合わせた教育を」と元に戻ったように見えます。しかし、これは寺子屋と違って一段階進歩しているのです。例えば、学校教育とeラーニングの併用で、効率的でかつ個別の進み方にあった学び方が可能になったというように。

（福）祉に当てはめて、さまざまな要因で生き難い状況を解消していくことが福祉だとすれば、江戸時代には、農村共同体の相互扶助として、コミュニティに所属する人々の助け合いという原点がありました。明治になると、産業化が進み社会事業のシステムができあがり、のちに、国の責任で生活保障を行うシステムに発展し、今は民間事業者の力も借りて、福祉の専門職が福祉サービスの提供を行うように発展してきました。かつては行政から一方的に押し付けられた福祉を、個別の契約により選択できるようになったのです。しかし、さらに次の進歩を遂げるために必要なことは何でしょうか。

　商品としての福祉のあり方は、市場原理と契約制度のうえで成り立っています。このシステムで、人々はかつてのような共同の必要性は相対的に低下しました。個々に事業者とのやりとりで事足りるからです。サービスが自由に選べるうちはこれでよいのですが、自分に合うサービスがないとか、何か問題が起きたときには個々で対応できなくなるかもしれません。

（福）祉制度が貧弱で共同せざるを得ない時代ではないですが、今こそ新しい共同を創り出して新たな段階に進歩していくときが来ています。

　地域にある自治会は、ひとりでに地域福祉組織にはなっていきません。福祉専門職はコミュニティワーカーとして住民の主体的活動を支援していくことで、地域課題を共有化して住みやすい地域を作り出し、新しい共同が生み出されるのだろうと思います。キーワードはkyoudou（共同・協働）です。私たちは仲間です。

3
相手の気持ちに寄り添う作法

相手の気持ちに寄り添うことは、対人援助における基本的な営みです。そして、相手の気持ちに寄り添うには、「受容」と「共感」が大切だと言われます。ここでは、受容や共感はどのようなことなのか、そして受容や共感とは何を行えばよいのかを見ていきましょう。相手の気持ちに寄り添うための具体的な作法を手ほどきします。

1 「この人なら大丈夫」という安心感

私たちは、生活していくなかでいろんな人とコミュニケーションをとる機会があります。何でも話せる気のおけない友人や好きな人とのそれもあれば、仕事や地域でのコミュニケーションもあります。前者は相手の考えが理解できていつまでも心地よい会話が展開されますが、後者は自分と気の合わない人だと相手の考え方が理解できず会話が広がりません。考えてみると、日常生活や仕事上でいろんな考えの人とのやりとりを避けて通れないことがよくありますよね。

私たち援助者が相談を受けるときに、どんな相手でもこちらの価値観で否定や判断をせずに、まず相手の語りを受け止めることがとても重要だといわれています。そして、そうした営みを「受容」と呼んでいます。では、受容がなぜそこまで大切なのでしょうか。

相手の抱える困りごととは、今まで誰にも言えず隠していたことなど個人的な内容によるものもあるかもしれません。もしそれを初対面の第三者に話すことになると、「この人に話しても大丈夫だろうか」と不安やためらいを感じてしまいます。かたや私たちが相手の問題にまつわる情報を正しく理解しないと、当然ながら解決のお手伝いができません。相手の心情をくみ取り、まずは「この人なら話しても大丈夫」と安心感をもってもらえるように努める必要があります。

援助者にとって、相手を受容することが大切な理由はここにあります。相手が何に困り、何を望んでいるかを理解することができなけれ

ば、私たちは援助を先に進めることができません。そのためには、相手のありのままの語りを引き出すことが求められます。受容によって、自分を否定されずに気持ちや価値観を受け止めてもらえたという体験は、「あなたでOK」という強いメッセージを相手に送ったことになります。こちらのそうした態度によって、「この人なら話しても大丈夫」という安心感を相手は抱くことができるのです。

では、受容とは具体的には何をすればよいのでしょうか。そのあたりの話を、次にしてみたいと思います。

2 自分のフィルターを外す

私たちは一人ひとり違う人間で、さまざまな経験のなかでそれぞれ価値観があり、無意識にそのフィルターを通して相手を見ています。あなたの好きなタイプはどんな人でしょうか？　話しやすい人は？　友達になりたい人は？　逆にそう思わない人はどんな人でしょうか？

受容を行ううえで、自分がどのようなフィルターで人を見ているかを知っておくことは、とても大切なことです。なぜなら、私たちは自

図2　フィルターで相手を見る落とし穴

今は、仕事をする気になれないんです。だから、障害年金をもらう手続きを進めてほしいんです。

そんなこと言わず、まずは仕事を見つけてみましょう。

人は自分でちゃんと働いて自立すべきだ。

援助者のもっているフィルターを通して相手を見ると、相手の訴えをありのまま受け止めることができず、一方的な助言に陥りやすくなる。

分のフィルターを通して、無意識に相手を判断してしまうことがよくあるからです。自分のフィルターで相手を見てしまったせいで、相手に白黒をつけたくなったり、つい助言をしたくなったりすることもあるでしょう。

けれども、受容は相手のありのままの語りを受け止めることですので、自分のフィルターを介さず相手を見ることができなければなりません。相手を受容するには、自分のフィルターを意識的に外してみる必要があります。

とはいえ、私たちが経験のなかで獲得した価値観を変えることはそう簡単ではありませんし、それをすべて見直す必要もありません。車を例に説明してみると、自分の価値観や立ち位置をニュートラルの位置にもっていくことです。もちろん、私たちは生身の人間であり、車のようにニュートラルな状態を完璧に保ち続けようと試みても、無意識に自分のフィルターで相手を見てしまうこともあります。

「うーん、ニュートラルに保つことって難しそう」って思いませんか。実は、対人援助の世界では、自分の状態をニュートラルに保つとっておきの方法があります。それが、「傾聴」です。

3 相手のありのままの語りを受け止める傾聴

　傾聴とは、ニュートラルの状態で相手のありのままの語りを聴くことです。ニュートラルの状態で聴くとはどういうことかを理解していただくために、ニュートラルでない聴き方を見てみましょう。

> 【自分の解釈や憶測をはさんで聴く】
> A：夫とこの先一緒に暮らしていく自信がないんです。
> B：そんなふうに思うのですね(この人、旦那に浮気でもされたんだろうな)。

　色下線部は、聴き手であるBさんの憶測です。こんなふうにこちらの憶測が入り込んでしまうと、その憶測に沿って相手の語りを聴いてしまうことになります。こんな聴き方をしていては、相手のありのままからますます離れていってしまいますね。

> 【自分の価値観で良し悪しの判断をする】
> A：もうこれ以上子どもの面倒をみる自信がありません。
> B：(親なんだから子どもの面倒をみて当然なのに。ひどい人だ！)お子さんにとってお母さんはあなた一人しかいないのだから、そんなこと言ってはダメですよ。

　色下線部は、聴き手であるBさんが自分の価値観に照らし合わせて、相手の訴えの良し悪しを評価しています。こちらの価値観で相手の語りの良し悪しを判断してしまうと、こんなふうに相手を頭ごなしに説教したり指導したりすることになります。
　つまり、「こちらの解釈や憶測をはさまず」「良し悪しの判断を交えず」聴くことが、ニュートラルに聴く傾聴なのです。一見難しそうで

すが、次の３つを意識すると、こうした傾聴ができるようになります。簡単にできる順番で紹介しますので、相手の話を傾聴する際に１つずつ取り入れてみてください。

1　非言語コミュニケーションで話しやすい環境をつくる

　傾聴を行うには、相手が話しやすい環境をつくり出す必要があります。話しやすい環境をつくるには、**第2章**でお伝えした非言語コミュニケーションがとても役に立ちます。

　人は言葉以外に態度や表情などでもメッセージを相手に伝えています。例えば、こちらが何か別のことをしながら話を聴いていたら、相手はどんな印象をもつでしょうか。おそらく「自分に関心をもってもらえていない」と感じ、話を進めづらくなるでしょう。

　緊張を高めない位置に座る、話題に応じた表情で聴く、適度にうなずきやあいづちを入れるなどの非言語コミュニケーションは、話しやすい環境を相手に提供するだけでなく、「あなたに興味・関心をもっています」というメッセージを相手に送ることにもなります。

2　援助者がしゃべらない

　最初は相手が話していたのに、いつの間にか援助者のほうが話し手に代わってしまうことがあります。話の主人公が、相手からこちらにひっくり返ってしまうのです。相手のことをよく理解しないうちにこちらが話し出しているときは、話が横道にそれたり間違った助言をしてしまったりしがちです。まずは、こちらが話すことよりも相手の話を聴くことに集中しましょう。

　援助者によっては、この一見受け身に見える聴き方よりも、最初から知識や経験を助言するほうが相手にとってより実りのある相談だと思う人がいます。特に、経験の浅いうちは、自信のなさからなおさらその傾向が強くなります。けれども、相手のことがよくわかっていな

いうちから、的確な助言をするのは難しいことです。

3　心の声が聞こえたら「それは私」と心でつぶやく

相手の語りを聴いているときに、相手が語っていない言葉が頭に浮かんできたら、それは相手の声ではなく、あなたの心の声です。そして、その心の声こそ、あなたのフィルターを通した声なのです。

そうした心の声が頭に浮かんだら「それは私」と心の中でつぶやき、相手の語りにその都度戻るようにしましょう。このような聴き方を意識して行っているうちに、相手の語りに集中することができるようになります。

傾聴の最後に、ちょっとだけ大事なことを補足させてください。傾聴と聞くと、「相手の話を何でも聞かなければいけない」と思うかもしれませんが、それは誤解です。<mark>相手が話したくないことまで聞き出さないようにしてくださいね</mark>。相手が言いよどんでいたら、「言いたくないことは無理に話さなくても大丈夫ですからね」と伝えてあげることも大切です。

4　共感とはこちらの理解を相手に伝え返すこと

対人援助では、受容と並んでもう1つ大切な態度があります。それは、「共感」です。共感とは何かをお伝えする前に、相手の語りの理解の仕方には、2種類あるという話をさせてください。その2つとは、「内容理解」と「感情理解」です。

内容理解とは、相手の言ったことを、客観的に理解することです。例えば、「1週間、お腹が痛いのが続いています」という訴えを相手がしたとします。これを聞いて、"この人は、腹痛が1週間続いている"というのが内容理解です。

一方、感情理解とは、その訴えの奥に潜む相手の気持ちを理解することです。先ほどの例だと、"こんな腹痛が1週間も続くなんて、怖い病気じゃないのかな。不安だよぉ"という気持ちを抱えていたとしたら、その気持ちを理解することです。

　共感とは、「相手の感情をできるだけ相手の体験に沿って理解すること」をいいます。つまり、"あたかも自分のことのように"相手の感情を理解することです。だとすれば、相手を共感するためには、相手が話したことについて、内容理解にとどまるだけでなく、感情理解までできなければなりません。ちなみに、相手の気持ちを理解するためには、相手がありのままの気持ちをこちらに伝える必要があります。先ほど述べた傾聴は、共感を行うためにも必要な営みなのがわかりますね。

　ただ、多くの人は共感の技法とは「こちらが相手の気持ちを理解すること」だと思っていますが、それは違います。というのは、相手の気持ちを理解したつもりでも、その理解が全く的外れだった場合、それは共感とは言わないからです。共感とは、こちらが理解したことを

図3　共感が成立するには

言葉で相手に伝え返して、相手が「わかってもらえた！」と感じることができて初めて成立します。だとすれば、共感の技法とは、こちらが理解したことを相手に伝え返すことだと言えます。

ここからは、共感の技法について、一緒に深めていきましょう。

5 理解したことを伝え返す共感的応答

共感の技法とは、こちらが理解したことを相手に伝え返すことです。そして、その伝え返し方には、非言語のレベルと言語のレベルがあります。まずは、非言語のレベルから見ていきましょう。

1 相手の態度から理解したことを伝え返す

私たちの感情は、表情や態度など非言語的なものによって表現されることが多いという話を**第2章**でしました。相手の様子を見て感じたことを伝え返すことも、共感的応答になります。

具体的な例を見てみましょう。AさんがBさんに伝えている言葉のうち、色下線部がここでいう「相手の態度から理解したことの伝え返し」になります。

> A：いつもと比べて声に元気がないですね。
> B：最近何だかしんどくて。考え事をしてしまって、眠れないことが多いんです……。

> A：悲しそうに見えますが、どうなさったのですか？
> B：ええ。実は、家族が私の病気のことを理解してくれなくて。働くのもつらい状況なのに、「働け、働け」ってうるさいんです。

まず、このようなやりとりによって、相手に「あなたに関心をもっていますよ」という肯定的なメッセージを送ることができます。相手は、援助者が自分に関心を向けているのを知ることで、援助者への信頼感が増し、こちらに話しやすくなります。

　また、本当は話したいけれど、「こんなネガティブなことを言ったりしたら、どう思われるだろう」と躊躇してしまい、悩みを打ち明けられない人は少なくありません。こうしたとき、非言語的な態度から「○○に見えるけどどうしたの？」と声をかけられると、相手にしてみたら「話してみよう」という追い風となることもあります。

2　相手の言葉から理解したことを伝え返す

　相手が言ったことを、相手の言葉を用いて伝え返すことです。このような共感的応答は、相手の語りをしっかり受け取っていることを示すという大切な意味があります。コツはその都度繰り返すのではなく、相手の話が一区切りついたときにコンパクトにまとめて伝え返すことです。伝え返す際には、棒読みのように機械的に行うのではなく、非言語コミュニケーションにも気を配ることが大切です。

　具体的な例を見てみましょう。Aさんの話が一区切りついたところで、Bさんがその話をコンパクトにまとめて伝え返しています。

> A：最近、夜なかなか寝つけなくて。妻が退院したら、介護はどうすればいいんだろうということばかり気になるのです。自分も仕事があるし、それをすぐに辞めるわけにはいかないし……。
> B：奥様の退院後の介護について気になって、寝つけないことがあるのですね。

3　一歩先ゆく「伝え返し」のコツ

　共感で大切なのは、感情理解でしたね。だとすれば、相手の話のなかに感情を表す言葉が出てきたら、そこを中心にコンパクトにまとめて伝え返してみましょう。このような共感的応答によって、相手は「援助者にわかってもらえた」と強く思えます。

　具体的な例を見てみましょう。Aさんの話のなかに感情を表す言葉（悔しい）が出てきたところで、Bさんがそこを中心にコンパクトにまとめて伝え返しています。

> A：私は、今まで子どものことを一番に考えて、この子が将来苦労しないよう、いい大学へ行っていい仕事に就けるように、習い事も塾も行かせたし、子どもの気持ちを尊重しながら子育てをしてきたつもりです。なのに、今さら進学をしないだなんて、私は納得できない。最近そのことばかりを考えて、家族にはあたりちらしてしまうし、子どもには口もきいてもらえない。何だか悔しくて……。
> B：今まで、お子さんのことを一番に考えて子育てをしてこられたのに、急に進学しないと言い出したことが、とても悔しかったのですね。

6　伝え返すという共感的応答のもつチカラ

　こちらが相手に伝え返したことが、相手の体験にピッタリ一致していると、相手は「はい」とか「そうなんです」と同意することになります。ここが、「伝え返す」という共感的応答のミソでもあるのです。

　話を聴いてくれている相手が、「こういうことなんですね」と伝え返したことが全く違っていると、「いいえ」とか「そうではありません」

という否定的応答をすることになります。こんなやりとりが続くと、「この人、私のことを全くわかってくれていない」と失望してしまいます。

やりとりを重ねているうちに、相手が「いいえ」ではなく「はい」を繰り返すことによって、相手は「この人は私のことをちゃんとわかってくれている」と感じやすくなります。このように相手からの同意を引き出すことで、相手との信頼関係はさらに育まれることになるのです。そして、相手は援助者から伝え返されることによって話が整理され、自己理解も深まります。

ここで、「相手に伝え返したことが的外れだとどうしよう」と心配する人がいます。でも、そんな心配しなくても大丈夫です。相手に伝え返したことが間違っていたら、素直に「ごめんなさい」と謝りましょう。そして、「もっと理解したいので、もう少しお話をうかがってもいいですか」と相手の話をさらに聴こうとすればよいのです。

あなたは、話を聴いてくれている人が、こちらの話がわかってないのに"わかったふうを装われる"のと、「よくわからないので、もう

少し詳しく聴いてもいいですか」と求められるのでは、どちらが信頼できますか？　もちろん、後者ですよね。援助者のそうした誠実な態度は、相手との信頼関係を育む力となるはずです。そう考えると、相手の話をコンパクトに伝え返すことは、相手の話がちゃんと理解できているかこちらも確認するよい機会となりますね。

7 こちらの気持ちを伝え返すという共感的応答

　伝え返すという共感的応答の最後に、少し高度な伝え返しについて述べておきたいと思います。

　相手の語りを傾聴していると、「それは、さぞつらかっただろうなぁ」のように、聴き手であるこちらの心にさまざまな気持ちがわき起こってきます。これこそ、相手の体験をあたかも自分のことのように感じる共感が生まれた瞬間です。

　こうした共感的理解は、相手の話を相当じっくりと聴くことができていなければ無理です。相手の話をさほど聴いていないうちから、「それはつらかったですね」のような共感もどき応答をすることがあります。でも、十分に聴けていないうちから相手の体験を共感できることはほとんどありません。こうした上辺だけの共感もどき応答は、相手にすぐに見破られてしまいます。

　けれども、相手の話をじっくり聴いたうえで、あなたの心にわき起こった気持ちを伝えるのは悪いことではありません。相手が用いた言葉を使わずにこちらが感じたことを伝え返すので、難易度の高いやりとりではあります。しかし、これがうまくいくと、相手は「この人は、私のことを心から理解してくれている」と実感することができます。

　とはいえ、「あなたはきっとこう感じていたのでしょうね」のような断定的な伝え方はしないでください。ここでの共感的応答は、あくまでも援助者であるこちらの立場から感じたことですので、「話を聴

いていて、私はこう感じました」のような伝え方のほうが誠実ですし、相手は勇気づけられます。

　相手の話を聴いて、相手のすべてを共感できたと思うのは間違いです。相手のありのままの体験を共感しようと努めても、人の心を完璧に理解することは果たしてできるでしょうか。

　想像してみてください。最愛の人を亡くした悲しみを、本当にその人と同じように感じることができるでしょうか。中途障害を負って今までと全く違う人生を生きていかなければならなくなった絶望感を、当事者と同じように感じることができるでしょうか？　「できる」なんて、とてもおこがましいことです。

　仮に同じ体験をしたからと言って、それをどう感じたかは人それぞれですので、相手と全く同じように共感できるとは限りません。人は誰もが、自分にしかわからない事情を抱えています。その人の事情をすべて理解することは不可能です。

　ただ、相手の語りを、その人にしかわからない事情から生まれるものとして大切に扱い、相手に少しでも近づこうと小さな共感的理解を重ねることはできます。「何でも受け止めてわかってあげなければならない」などと、無理をしてあなた自身をすり減らすような受容や共感はしないでください。相手だけではなく、あなた自身の感情や考えにも気づきと思いやりを向けるようにしてくださいね。

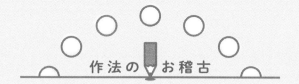

稽古その壱 自分のフィルターをのぞいてみよう

知人があなたに次のような相談をしました。
「気に入らない仕事だったので、すぐ辞めたんだ。仕事を転々としていて、これで5か所目だ。次の仕事をどうしようか悩んでいる」
知人とは顔を合わせたら挨拶する程度の仲です。この知人に対して、あなたが率直に感じたことを書き出してみましょう。

稽古その壱

❶ 一人でお稽古に取り組んでいる人は、知人に対する自分の考えが本当に正しいか、できる限りいろいろな想定をしてみましょう。例えば「知人は完璧主義できちんとできる仕事を探したいのかも」のように、いつもと違う角度からの想定をしてみましょう。

❷ この本を研修で使っている人は、二～三人組になってください。そして、知人に対して自分が感じたこと、なぜそのように思ったかなどについて発表しあいましょう。自分と違う意見の人がいた場合は、その意見も尊重しましょう。

稽古 その弐 傾聴にチャレンジしよう

[本書を一人で用いる人向け]

　間近で誰かの話を聴く機会があれば、相手の話を傾聴してみましょう。このとき、47ページで紹介した「ニュートラルな聴き方をする3つの工夫」を意識してください。

[本書を研修会で用いる人向け]

　二人一組になり、話し手と聴き手に分かれます。聴き手は、相手に「昨日の出来事」について質問し、5分間傾聴を行ってください。このとき、47ページで紹介した「ニュートラルな聴き方をする3つの工夫」を取り入れて話を聴くようにしてみましょう。このやりとりを各自が行い、終わったら話し手、聴き手それぞれの立場で感想を話してみましょう。

稽古 その弐 傾聴にチャレンジしよう

話し手の感想（気づいたこと）	聴き手の感想（気づいたこと）

コンパクトにまとめて伝え返してみよう

[本書を一人で用いる人向け]

　間近で誰かの話を聴く機会があれば、相手の話を聴きながら、一区切りついたところで、そこまでの話をコンパクトにまとめて伝え返してみましょう。

[本書を研修会で用いる人向け]

　二人一組になり、話し手と聴き手に分かれます。聴き手は、相手に「最近あったよかったこと・嬉しかったこと」を尋ねてください。相手の話を聴いていて、話が一区切りついたところで、話をコンパクトにまとめて伝え返してみましょう。このやりとりを、各自5分間行ってください。各自が終わったら、話し手、聴き手それぞれの立場で感想を話してみましょう。

コンパクトにまとめて伝え返してみよう	
話し手の感想（気づいたこと）	聴き手の感想（気づいたこと）

コラム 相手の悲しみに寄り添う

(保)健師4年目の冬、あの阪神・淡路大震災が起こりました。まもなく被災地の自治体から派遣要請があり、活動を行ったときのことです。

派遣組の保健師は、日常の健診や家庭訪問の手伝いを請け負うことになりました。その日私は先輩保健師と二人組になり、余震で揺れるマンションで暮らしていた生後1か月の赤ちゃんのお家を訪問しました。赤ちゃんの健康状態や発達は良好だったことを確認したところで場が和らぎ、話題がお母さんに移ったところでぽつんと話されました。

―近くに住んでいた両親が被災して現在も行方不明なんです。家族は皆捜索に出ていて、自分も今すぐにでも加わりたいが、余震は続くし子どもたちがいるので身動きできない。こうして何もしないでいる自分に腹立たしい気持ちです―

そして赤ちゃんのお母さんは「食事を美味しいと思って食べたくないんです。…あっ子どもたちがいるのにこんな考えなんてだめな母親ですよね」とつぶやいたあと固く口を結びました。彼女の表情からも大事な親子関係であることが痛いほどわかりました。

(例)えば「ショックで食事がのどを通らない」「美味しく感じない」の訴えなら何となく腑に落ちるけれど、「美味しいと思って食べない」に対してどう受け止めたらよいのか、正直当時の私はわかりませんでした。後になって、その感情が災害に遭遇したなかで自分だけ助かってしまったことに対する罪悪感からくるものだと知りました。

重たい告白に飲まれてしまった私は、赤ちゃんが元気でよかったという報告以外では適切な言葉も見つけられず、その場をやり過ごして訪問を終えました。帰り道、先輩と厳しい現実に打ちのめされ終始無言だったことも鮮明に覚えていて、自分の至らなさに今も苦々しい気持ちになります。

こちらの想像をはるかに超えた壮絶な体験によって深い悲しみのな

かにいる相手に、果たしてどんな言葉をかけたらいいか戸惑うときがあります。喫緊で直接相手を支える生活支援が必要であったとしても、私たちが大事にしないといけないことがあるように思います。

　まず、相手の心理的なスペースに無断でどかどか入らないことだと思います。援助者は相手のためにと生活の課題を明らかにして解決できるように心を配ります。相手が了解されていれば問題ないのですが、相手がまだ悲しみを整理できていないときは、そのなかを強引にこじ開けられることは非常に苦痛です。これは相手に極端にへりくだって近づかないこととは意味が違います。

　次に、**第3章**に挙げた傾聴・共感はここでも同じく大事です。ただ相手の核心をつく悲しみや恐怖、怒りなどの近いスペースに最初から入らず、今日の天気やご飯など日常にある何でもない出来事の会話からゆっくり相手とかかわっていき、なにげない雑談からも相手が感じたことを共感することができると思うのです。

　コミュニケーションは相手を尊重したり気持ちを推し量ったりすることで成立します。これは相手の人間としての力を信じるということだと思うのです。私たちのことを理解してもらい「話しても大丈夫」と相手が感じられるように、日頃からの関係を大事にし、謙虚にその日を待つというイメージでしょうか。

　相手が人生に絶望するような体験をされたなら、もう一度人に話してみようと思うまでにはその苦悶の期間以上に時間がかかるのではと思います。私たち援助者が日頃から傾聴・共感を意識してスキルを磨くことで、本当に大事な局面のときに相談してもらえるような援助職になり得るのではないかと思ってやみません。

　今の私は、震災時に出会ったあの女性に少しは気持ちに寄り添えるような声かけができるだろうか、と自問しています。

4
相手に質問するときの作法

私たちは、相手のことを理解するために、さまざまな質問をします。質問は、簡単なように見えて、実はとっても奥が深いコミュニケーションなのです。質問の仕方によっては、相手を傷つけてしまったり、お互いの関係を損ねたりすることがあります。反対に、対人援助を展開する手がかりを見つけたり、双方に新たな気づきをもたらしたりする力も、質問にはあります。よい質問を繰り出すための作法を手ほどきします。

1 質問には さまざまな力がある

　あなたは、「質問に作法なんてあるのか？」と不思議に思いませんか？　実は、繰り出し方によっては、これからの支援をよくも悪くもする、とても大きな力をもっているのが「質問」なのです。

　質問は、相手の気持ちを理解したり、こちらの疑問を解消する手立てとして最も身近なコミュニケーション手段の１つです。

　たった１つの質問によって、相手との距離を一気に縮めたり、知らなかった本心を聞き出したりすることができます。質問には、相手が思わず答えたくなる、新しい気づきや発見につながるものもあります。自分が欲しい情報を得るだけでなく、相手にとって新たな価値観や行動を引き出す場合もあります。

　おおげさに聞こえるかもしれませんが、<u>質問には相手を理解するだけでなく、その人の人生をよりよい方向へ変える大きな力もあるのです</u>。

　では、「よい質問」とは、いったいどのような質問のことを言うのでしょうか？　模範的な質問と聞いてもはっきりしませんし、教わった経験のある人はほとんどいないはずです。つまり、ほとんどの人が「自己流」で質問をしているのです。

　自己流であるがゆえに、質問の質や質問の仕方というのは、人によっ

て随分違います。無意識に身につけたためか、そもそも「質問が大切だ」と意識する人もあまりいません。だからこそ、よい質問を繰り出す作法を身につけることが大切になるのです。

　質問する作法はちょっとしたコツを理解するだけで、飛躍的に上達します。この作法を身につけると対人援助をよりよいものとするだけでなく、営業の交渉ごとや窓口での対応に大変役に立つでしょう。これから一緒に、そのよい質問とは何か具体的に学んでいきましょう。

2 質問でつまずく4つの落とし穴

　相手への質問が、よい尋ね方とならない場合があります。質問の作法を磨くには、よくない質問のパターンを知っておく必要があります。そうならない尋ね方をすれば、それはよい質問となるからです。私たちが質問で失敗してしまうとき、次の4つの落とし穴のいずれかでつまずいていることが多いようです。

1 相手の気持ちを深読みする

　相手にうまく質問できないとき、「こんなことを尋ねると、相手は嫌がるかも」と、こちらが勝手に思い込んでしまっていることがしばしばあります。相手の気持ちを深読みしすぎて、必要なことを質問することができないのです。

　相手の気持ちを配慮することは大切なことですが、こちらから限界を作ってしまい必要なことが聞けなくなるのはよくありません。こちらが気になった相手の気持ちは、こちらの思い込みなのか相手から発せられていることなのかを区別するようにしましょう。「相手は嫌がるかも」と思ったとすると、その根拠は何かを考えてみるのです。具体的な根拠が見つからなければ、それは相手の気持ちではなく、こちらの思い込みということになります。

2 こちらの個人的興味で聞く

　スーパーで買い物をした商品について、レジを打っている店員さんから「これ、何に使うのですか？」と尋ねられると、どんな気持ちになりますか？　きっと不快な気分になるはずです。買った品物を何に使うかは、店員さんに関係ないですものね。

　こちらが相手に質問するのは、その内容が今後の支援やサービスに必要な情報だからです。裏を返せば、今後の支援やサービスに必要のないことを、あれこれと質問してはいけないということです。

　必要もないのに「知りたいから尋ねる」のは、買った品物を何に使うかを店員さんが尋ねるのと同じことです。つまり、こちらの個人的興味を相手に向けているということです。相手は当然不快な気分になりますし、信頼関係を築くこともできなくなります。

3 わかったつもりになる

　「親の介護のことで困っています」と相手が言ったとします。この訴えを聴いて、この人の困りごとが理解できたと思ったら、それは誤

りです。親の介護のことで、何が困っているかがまだわからないからです。兄弟間で親の介護をどうするか意見がまとまらないのかもしれません。介護費用の捻出が厳しいのかもしれません。ケアマネとの関係がうまくいっていないのかもしれません。

　こんなふうに、相手の話を聴いてわかったつもりになってしまうと、それ以上質問をして詳細を理解しようということになりません。けれども、こうしたときは大体後になって、「もう少し詳しく聴いておけばよかった」と悔やむことが多いのです。相手を理解することと理解したつもりになることは、全く別の話です。

　こうしたことにならないためにも、相手の訴えを聴いて、その内容が具体的にイメージできるかどうかを考えてみましょう。具体的にイメージできなければ、相手の訴えをまだ十分に理解できていないということです。

4　相手にラベルを貼る

　私たちは、人を理解するときに、「この人は、○○だ」と決めつけてかかることがあります。こうしたことを、「ラベリング」といいます。相手にラベルを貼ってしまうのです。

　相談を受けるときに大切なのは、相手のことを個別に理解するということです。「そんなの当たり前だ」と思う人もいるでしょう。ところが、私たちは知らないうちに、相手を「こうだ」と決めつけてしまうことがあります。「この人は怒りっぽい人だ」とか「この人は神経質な人だ」のように。こうしたラベリングがなぜよくないかというと、ラベルを通してしかその人を見られなくなるからです。

　例えば、相手が認知症を患っていたとします。相手が同じことを繰り返し訴えてくると、「この人は認知症だから同じことを言うのだ」と理解したとすれば、それはラベリングです。本当は繰り返し訴えるその言葉のなかに、周囲に理解してほしいメッセージが込められているかもしれません。

　ラベルを通して相手を見るということは、丸い筒を通して絵画を見るのと同じです。その筒の中のモノは見ることができても、筒の外の世界を見ることができません。これでは、その人の全体像を理解したとはとても言えませんね。人は、一言で理解できるほど単純な存在ではありません。

　以上が、質問でつまずいてしまう落とし穴です。こうした落とし穴にはまらないようにしながら、質問を繰り出していこうとすると、「よい質問」を相手に投げかけることができます。けれども、それだけでは質問の作法は十分ではありません。質問するスキルを磨いておくと、質問の質はさらに高まります。そこで、これからさまざまな質問のスキルについてお伝えします。

3 基本は「開」「閉」の2つだけ

　相手とうまくコミュニケーションをとるには、相手のことをよく理解することが必要です。質問によって相手への理解を深めることができるだけでなく、適切な質問を行うことにより「わかってもらえた！」と相手の安心感や満足感を高めることができます。

　質問は大きく分けると「閉じた質問」と「開いた質問」の2種類です。どちらがよい、悪いではなく、それぞれの特徴を理解したうえで組み合わせて会話を進めていきます。

1　閉じた質問

　相手が一言で答えられる質問を、「閉じた質問」といいます。閉じた質問は比較的簡単に答えやすいため、相手の負担は少なくなります。しかし、矢継ぎ早に質問されると尋問調になってしまい、相手に苦痛を感じさせてしまう場合があります。相手の反応を確認しながら質問するなどの配慮が必要です。

　運動会から帰ってきた子どもに、母親が「運動会楽しかった？」と尋ねる。これはなにげない家庭の風景のように見えますが、子どもが「楽しかったよ」と答えたとき、それは本当に子どもの気持ちを反映しているか微妙なこともあります。というのは、子どもにしてみると、「ほんとは、かけっこでビリになって悔しいけど、お母さんは『楽しかった』って答えてほしいんだろうな」と、母親の期待に応えようとしてしまう場合があるからです。

　閉じた質問は、このように相手の答えを誘導してしまうことがあります。「私の作った料理、美味しい？」と尋ねられると、「美味しくない」とは言いにくいですよね。

　==相手のありのままの気持ちが知りたいのであれば、開いた質問で尋ねるようにしてみましょう。==

2　開いた質問

　相手が自由に答えられる質問を、「開いた質問」といいます。開いた質問は、話題が広がりやすいという利点があります。一方で、十分に考えてからでないと答えられない場合もあり、相手に考えてもらう時間（沈黙）が必要です。相手がうまく答えられなくても、<mark>急かしたりせずに待つことが大切です。</mark>

　質問が漠然としていると、相手は何を答えたらいいのか迷ってしまいます。具体的な手がかりを加えて質問すると、相手は答えやすくなります。

> （例）
> 「最近どうですか？」⇒「最近、仕事はどうですか？」

　また、質問の意図が正しく伝わっていないと、話が別の方向にそれたり話が広がり過ぎたりして、話の要点がわからなくなってしまうこともあります。

> （例）
> A：「最近どうですか？」
> B：「ああ、順調ですよ。おかげさまで母の退院後の経過もよくて」
> A：「お母様、入院されていたのですか？　どこがお悪かったのですか？」
> B：「この前、階段で転びましてね。○○○、△△△、×××」
> A：（ホントは仕事の様子を聞きたかったのになぁ……）

　質問によって、相手の困りごとや生活状況など、相手の客観的事実を理解することができます。ただし、客観的事実の理解だけでは、十分ではありません。対人援助を円滑に進めていくためには、その事実

の奥にある相手の考えや気持ちも理解しておく必要があります。

　相手は、感情など自分の心の内をわかってもらえたと感じたときに、さらに理解してもらえたと思えます。**第3章**でも述べたように、感情の理解は、相手を受容し共感するうえで大切な営みとなります。

> **(例)**
> A：「仕事でやりがいを感じるのはどんなときですか？」[内容理解]
> B：「暗い顔をしていた人が、再びステキな笑顔を見せてくれるようになったときです」
> A：「そうなのですね。相手の笑顔を見ると、どんな気持ちになるのですか？」[感情理解]
> B：「大変なことも多い仕事だけれど、相手が幸せになるお手伝いができるこの仕事はやめられないなって思います」

　閉じた質問と開いた質問には、それぞれメリットとデメリットがあります。援助者は、相手の様子を見ながら、その都度開いた質問から閉じた質問に変えたり、反対に閉じた質問から開いた質問にしてみたりといった柔軟さが求められます。

　例えば、「最近、あなたの感じるストレスの程度はどうですか？」と開いた質問で尋ねたとき、相手が答えにくそうであれば、「先月に比べてストレスは軽くなっていますか？」のような閉じた質問をしてみると答えやすくなります。

　逆に、「今日はどのようなご相談ですか？」と相手が自由に話せるように開いた質問で尋ねたのに、「入院中の母親の介護の相談です」と聞いた途端、「退院日は決まっていますか？」「介護認定の手続はされていますか？」などと、いきなり閉じた質問を繰り出してしまうと、相手が一番話したかったことからそれてしまうこともあります。

　このような場合は、「お母様の介護のご相談ですね。もう少し詳し

く聞かせていただけますか？」と開いた質問をして、相手に自由に話してもらいながら徐々に話題をしぼってください。そうすると、相手が話したかったことを妨げずに聞くことができます。

表2　基本的な質問のスキル

閉じた質問	開いた質問
・「はい」「いいえ」で答えられる質問 　例）「朝食は食べましたか？」 　→「はい」 ・答えが限定された質問 　例）「今日は何曜日ですか？」 　→「水曜日です」 ・いくつかの答えのなかから選んでもらう質問 　例）「コーヒーと紅茶どちらにしますか？」 　→「コーヒーをください」	・相手が話したいことを自由に答えられる質問 　例）「体調はいかがですか？」 　→「胃が痛いです。最近、食欲もないです」 ・内容確認だけでなく、相手の感情も理解することができる 　例）「いつ頃から胃が痛み始めましたか？」（内容確認） 　→「先月の終わり頃からです」 　「病院に来られるまでどんなお気持ちでしたか？」（感情理解） 　→「胃がんだったらどうしようとビクビクしていました」
【特徴】 ・あまり考えなくても答えられる ・簡潔明瞭で短時間でたくさんの情報が得られる ・こちらが知りたい情報が的確に得られやすい ・答えが限られていて相手が言いたいことを話せないため、話が発展しづらい	【特徴】 ・得られる情報量が多い ・考えて答える必要があり、相手が答えに困ったり、緊張して答えにくいこともある ・質問の意図が伝わっていないと知りたい情報が得られないことがある

4 質問の質を上げる ちょっとしたコツ

　支援やサービスに必要な情報を得るために、閉じた質問や開いた質問を駆使していくことになります。そのときに、知っておくと質問の質を上げることができる「ちょっとしたコツ」をお伝えします。

1　尋ねたいことを事前にリストにする

　相手との面談が終わってから、「○○について尋ねるのを忘れた」と思い出すことがあります。こうしたことにならないように、あらかじめ何を尋ねたいかをリストにしておくとよいでしょう。

　それ以前に、何を尋ねたらよいかがわからないこともあるかもしれません。なので、支援やサービスを提供するためにはどのような情報が必要なのかを事前に整理しておきましょう。必要な情報がわかれば、それを知るためにどのような質問を繰り出せばよいか、開いた質問を使うか、閉じた質問を使うかといったことを考えやすくなります。

　基本的な質問は、「いつ・どこで・誰が（誰と）・何を・どうした」という疑問詞を用いることで作り出すことができます。

2　質問の意図をあらかじめ伝える

　「生計はどのようにして立てていますか？」「ご家族は何をされていますか？」。こうした質問を、初対面の人から尋ねられると「何でそんなことを聞いてくるのだろう」といぶかしく思いますよね。

　相談業務を進めていると、こうした質問にみられるように、相手の個人的な情報が必要になる機会が多々あります。このようなとき、なぜそうした質問をするのかという「質問の意図」をあらかじめ伝えておくようにしましょう。

　例えば、「かなりプライベートなこともうかがいますが、今後の支援を考えるために必要なので、ご容赦ください」といった声かけです。

質問の意図がわかると、相手は納得することができるので、警戒心を抱かずに質問に答えやすくなります。

3 無理に答えなくてよいと保証する

とはいえ、質問によっては、答えにくいことや答えたくないこともあるでしょう。そうしたときは、無理に答えなくてよいと保証してあげましょう。

例えば、質問をしたときに相手が躊躇しているような素振りがみえたら、「答えたくないことは答えなくても大丈夫ですからね」と優しく伝えてあげるだけで、相手は安心します。こうしたこちらの態度は、「自分のことを尊重してくれる人」と相手に映り、こちらに信頼を寄せることができるでしょう。

話が個人的な内容に踏み込むほど、話し手と聴き手の強い信頼関係が求められます。このような援助者の態度は、長い目で見ると信頼関係を育み、質問に対する相手の答えやすさを後押ししてくれます。

4　心理的な構えを事前に届ける

「ここはどこですか？」「今日は何月ですか？」。このような質問を唐突にされると、あまりいい気持ちはしないですよね。こうした質問は、高齢者の脳の働きを見る検査などで頻繁に尋ねられます。人によっては、「そんなことを聞くなんてバカにしている」と怒りを感じたり、「そんなこともわからない人だと見られているんだ」と悲しくなったりします。

突然予想もしないことを尋ねられると、人は誰でも狼狽します。こうしたとき、心理的な構えを相手に事前に提供するようにしてみてください。例えば、「これからいくつか質問します。なかには簡単な質問もありますが、皆さんにお聞きしていることなのでご容赦ください」と伝えると、相手は「これから簡単なことを聞いてくるのだな」という構えを作ることができます。そのうえで、「ここはどこですか？」のような質問をすると、相手は「さっきの簡単なことというのはこのことだな」と理解できるので、余裕をもってこちらからの質問に答えることができます。

5 「どうして」と「なぜ」は後回し

相手に理由を尋ねるときによく使うフレーズに、「どうして」と「なぜ」があります。この言葉は、相手によっては責められているように感じることがあります。

例えば、「どうしてお酒をやめられないのですか？」とか「なぜ学校に通えないのですか？」と尋ねると、何だか責められているような気持ちになりませんか。特に、相手が負い目を感じていることだと、最初に「どうして」とか「なぜ」と尋ねられると、非難されているように感じてしまいます。

これらのフレーズを使いたいときは、「お酒をやめられないのはどうしてですか？」とか「学校に通えないのはなぜですか？」のように、質問の最後に入れるようにしましょう。それらの言葉を最初にもってきたときと比べて、責められている感じが和らぎます。

実は、このフレーズにもう一声加えると、責められている感じを抱かせずに相手に答えてもらいやすくなります。それは、「どうしてだと思いますか？」とか「なぜだと思いますか？」のような尋ね方です。

これだと、こちらが相手の考えや気持ちをくみ取ろうとしているのがわかるので、相手は責められているような気持ちになりませんね。

このとき、口調にも気を配ってみてください。人は早口で尋ねられると、まくしたてられるような雰囲気に圧倒されて、やはり責められている気がします。ゆっくりと尋ねることで、相手は答えやすくなります。

6 知りたいことを具体的に尋ねる

質問をするとき、こちらの尋ね方が漠然としているせいで、本当に知りたかったことが聞けないということがあります。

例えば、「最近どうですか？」と尋ねたとします。こちらは、相手の家族関係について知りたいという意図があっても、この質問からはそれが読み取れません。そのため、「ここしばらく体調はよくないです」のように、相手の受け取り方によってはこちらが知りたいこととずれた答えが返ってきます。そうしたことにならないために、「最近、ご家族との関係はどうですか？」のように、知りたいことを具体的に質問するようにしましょう。

ほかにも、答えにくい質問として、二重否定があります。例えば、「周りからの視線が、気にならなくはないですか？」のような聞き方です。相手にしてみれば、「どっちやねん！」と突っ込みを入れたくなるでしょうし、案外聞いているこちらもどっちかわかっていないことが多いのです。

尋ねるこちらも尋ねられる相手も、その質問が意味することについて同じイメージがもてるように、具体的に尋ねるようにしてください。

7 説得したくなったら気づきを促す質問を

面談をしているとき、「〇〇してはどうですか」と相手を説得したくなるときがあります。例えば、お酒を飲み過ぎる人に「お酒を控えてください」と説得したり、浪費が激しい人に「もっと節約をしてく

ださい」と説得したりするような場面です。

このような説得で、相手が素直に行動を改めることは、あまり多くありません。説得によって相手の納得を得ることができないからです。

私たちは、他人からの説得によってではなく、自らの気づきによって納得や理解が深まります。あなたが相手に何かを説得したいとき、ストレートにそれを伝えるのではなく、相手の気づきを引き出すように質問をするようにしてみてください。

相手の気づきを促すために、開いた質問にちょっとしたヒントを加えてみましょう。開いた質問のなかに、相手に考えてもらいたい手がかりを加えて尋ねてみるのです。このとき、決して相手を納得させようとするのではなく、相手が気づけるようにゆっくりと質問を重ねていくようにしてください。

(例)
① 「お酒を控えてください」
→ 「このままお酒を飲み続けると、体はどんなことになると思いますか？」
② 「その考えを変えたほうが楽になりますよ」
→ 「その考えのままでいるメリットは何かありますか？」「その考えのままでいるデメリットって何でしょうか？」

8 10点満点で尋ねる

「あなたが今感じている幸せな気分って、どの程度ですか？」。こう聞かれると、答えに窮してしまう人は多いのではないでしょうか。人が感じていることの程度は、とらえどころのない主観にかかわるので答えるのが難しくなります。こんなとき、質問を答えやすくする簡単なコツがあります。「あなたが今感じている幸せな気分って、10点満点中何点くらいですか？」という尋ね方です。

評価したいことを10点満点で尋ねる質問を、**スケーリング・クエスチョン**といいます。スケーリング・クエスチョンは、いろいろな使い方ができます。例えば、今の状態が一番ひどいときと比べてどの程度変化したかを理解したいなら、次のように尋ねることができます。「一番ひどいときを10点満点中10点だとしたら、今は何点くらいですか？」。この質問で、こちらの支援が相手にちゃんと効果を発揮しているかどうかを評価することもできます。体の痛みの程度について知りたいなら、「痛みが一番ひどいときを10点満点中10点だとすると、今は何点くらいですか？」のような聞き方になります。医療現場で、患者の痛みをコントロールしなければならないとき、この質問の答えに応じて対応することもできます。

　現実的な目標を考えるときにも、スケーリング・クエスチョンは役に立ちます。例えば、ある人がダイエットを続ける自信を10点満点中0点だと評価したとします。「自信が1点だけ上がったとしたら、どんなことをしていますか？」と尋ねてみるのです。そこで、「週末、10分間だけウォーキングをしています」のような答えが返ってきたら、それを実際チャレンジしてもらうようにします。こんなふうに、問題解決に向けた無理のない目標を、スケーリング・クエスチョンによって見つけることができます。

作法のお稽古

稽古その壱　相手をより理解する質問力を高めよう

❶ 相手の内面（事実の奥にある感情や考え）を理解する質問を考えてみましょう。

内容(客観的事実) 理解の質問	→	内面(感情や考え) 理解の質問
(1) 眠れなくなったのはいつ頃ですか？		
(2) どのようなことでお困りですか？		

[解答例(1)]

　眠れなくなり始めたとき、どんな気持ちでしたか？

　眠れないとき、どんなことが頭に浮かびますか？

[解答例(2)]

　そう思うのはどうしてですか？

　そのことで、あなたは普段どんな気分になることが多いですか？

❷ 相手の気づきを促す質問を考えてみましょう。

説　得 - - - - →	相手の気づきを促す質問
(1) 障害年金はもう少し節約して使いましょう。	
(2) 日中はできるだけ外出するようにしましょう。	

[解答例 (1)]

このままのペースで年金を使っていたら、どうなると思いますか？

これまで、年金を早く使い切ってしまったせいで、どんな困ったことがありましたか？

[解答例 (2)]

日中外出することが、どのようなメリットをもたらすと思いますか？

家に閉じこもっていることで、どのようなデメリットがありますか？

質問の順番をおさえよう

この本を研修で使っている人は、二人組になって、次のワークを交互にチャレンジしてみましょう。この本を一人で使っている人は、身近な人を相手にチャレンジしてみましょう。

お題：相手に、「最近のお気に入り」について尋ねてみる

① 「プライベートなことを尋ねる」という心理的構えを、事前に届けてください。

② まず開いた質問で、相手のお気に入りを尋ねてみましょう。

③ それがお気に入りである理由について、尋ねてみましょう。

④ それは相手にどのような感情をもたらすか、尋ねてみましょう。

↓

(1) ①から④までを、どのように伝えたり尋ねたりするかを考え、それを書き出してみましょう。

①

②

③

④

(2) それを相手に伝えたり尋ねたりしてみましょう。
　　相手から聞き出して理解したことを、書き出してみましょう。

[理解したこと]

　相手のお気に入りは…

　なぜお気に入りか…

　それはどんな感情をもたらすか…

(3) 理解したことが合っているか相手に確認してみましょう。
　　できたところにチェックを入れてください。

[理解したこと]

☐ 心理的構えを届けた
☐ 開いた質問でお気に入りを尋ねた
☐ お気に入りの理由を理解した
☐ お気に入りに伴う感情を理解した

ロールプレイ（役を演じる）で力量UP

> Aさん：32歳男性。妻と5歳の娘との3人暮らし。イベント会社の主任です。2か月後開催される大きなイベントのリーダーを任されています。
> Bさん：33歳男性。Aさんの大学時代からの友人であり、相談相手。

Bさん「何か今日は元気がないなあ。さっきからため息ばかりついているけど、何か気になることでもあるの？」

Aさん「オレため息ついてた？　ごめんな。実はイベントのプロジェクトリーダーを任されているんだけど、『期待してるぞ』って、かなり上司からプレッシャーもかけられているんだ。ほかの仕事もあって全然休みが取れてないし、帰りも遅くて子どもの寝顔しか見てないよ。あんまり眠れないし、オレこのままで大丈夫かなって」

Bさん「休みも取れないくらい忙しかったら、そりゃ体もおかしくなるよな。眠れてないんだ」

Aさん「そうなんだ。なかなか寝つけないし、イベントが失敗した夢ばかり見るし……」

① まず、Aさん（話し手）とBさん（聴き手）の役を決めます。

② 左のやりとりを、各自が気持ちを込めて言い合います。そして、やりとりの最後まできたら、そこから先は自由に話を広げてください。Bさんは、**第3章**で学んだ受容・共感のスキルを意識しながら、質問によってAさんの理解をさらに深めてみましょう。このやりとりを、10分ほど続けたら、役割を交代してください。

③ 終わったら、お互いに次のポイントについて感想を伝え合いましょう。

［ポイント］

- □ Bさんが話を聞くときに気をつけたことはどんなことですか？
- □ Aさんがどう思ったか気になったところはありますか？
- □ Aさんは「話をちゃんと聞いてもらえた」と感じられましたか？
- □ Aさんは、Bさんから質問されたときに「何でこんなこと聞かれるの？」と思ったり、「意見を押しつけられた」と感じた場面はありましたか？
- □ Aさんは、Bさんから質問をされたことで、新たに気づいたことはありましたか？

コラム 私がここで働く理由

㊗ 年「虐待」という言葉をメディアなどでよく見聞きするようになってきました。

障害者施設で現場支援員を経験し、現在は障害児者の相談支援専門員として外部の事業所などにお邪魔させていただく立場の私も、虐待に対しての意識は少なからずありますが、現場を見ると所々で疑問に感じることがあります。

例えば、体幹維持や転倒防止のために当事者の体を支える物を使用したとしても、拘束になってしまうということがあげられます。現場の声としては、利用者の安全面確保、体幹維持のためということを聞くことがありますが、これは虐待になってしまうのです。命を守るための拘束はないということです。

また、とある男性職員が女性利用者に対して「今日の服装は○○さんにとっても似合ってますね」と褒め言葉で伝えたつもりが、相手が不快に感じると不適切な発言となってしまいます。

最近では、「ちょっと待ってね」という投げかけが、利用者に対して言葉で身体的あるいは精神的な行動を抑制するスピーチロックとまでいわれています。介助する側にとってはちょっとした一言も、言葉を慎重に選びながらとても神経を使わないといけない現状もあります。

㊗ 用者を支援しながら言葉遣いや態度を常に意識し、自身の感情を抑えながら働いている現場職員の現状がここにはあります。これは福祉職のプロとして当然のことかもしれません。しかし、現実には人手不足や事業所事情などの問題なども多々あり、日々葛藤しながら利用者にとって常にベストな支援や投げかけを職員は悩み、考えているのです。

このような場面に遭遇したとき、福祉の仕事は人と人とのかかわりあいのなかで常に変化しながら終わりがないという、奥が深い仕事だなと改めて感じるのです。

現に私自身も乳児さんから高齢の方までかかわりをもっていますが、変化がないということは極めて珍しいのです。場合によっては、一生のお付き合いとなる方もたくさんおられます。

　私がこの仕事に従事し続け、現場職としてこだわり続けるのには理由があります。

　私の場合、知的障害をもっておられる方とのかかわりがとても多いのですが、利用者さんから伝わる、人間本来の温かさがたくさんあふれていることを肌で感じることができるのです。5年後、10年後その先の成長した姿が見られることも楽しみの1つです。ひたむきに仕事（作業）や活動に取り組む姿を見ると、安易な方法を考えたり、サボることをすぐに思い浮かべてしまう私と比べ、「この方たちのほうが私よりとても立派だ」と痛感することはたくさんあります。そして何より、素直であることが本当に素晴らしいのです。泣き、笑い、怒りの感情を正直に表現してくれます。それは、私にはもっていない強み（ストレングス）だと思うのです。

　そんな彼らとこれからも共に生活していきたい。必要のない命など何一つない。そう切に願いながら私は今日も、彼らの笑顔を見るために出勤するのです。

5
相手に伝えるときの作法

相手に話を伝えるときにも作法があります。私たち日本人は、言葉を使わなくても以心伝心できることに価値を置く文化があります。仕事でも家庭でも、「一を聞いて、十を知る」ことを相手に期待して、「どうしてわかってくれないの」なんてがっかりすることがあります。しかし、少し伝え方を変えれば、相手は今よりももっと「わかって」くれます。ここでは、相手が「十を聞いて、十を正しく知る」ために、相手に伝えるときの作法を手ほどきします。

1 伝えるということ

1　相手がふり向く言葉を使っているか

　言葉には、「相手がふり向く言葉」と「相手が去っていく言葉」があるのをご存じですか？

　例えば、相手が話をした後に、「でも……」という言葉で会話を続けると、相手は「自分の話を否定された」と瞬時に受け止めるかもしれません。しかし、伝えた側は意外と気づいていないものです。このように、相手が大切にされていないと感じる言葉を「相手が去っていく言葉」と言います。否定や説得などを表す言葉が、これに該当します。

　一方、「相手がふり向く言葉」とは、相手が大切にされていると感じる言葉です。例えば、「そうですね」とか「なるほど」といった表現です。承認や支持などを表す言葉が、これに該当します。

表3　相手がふり向く言葉と去っていく言葉

相手がふり向く言葉			相手が去っていく言葉		
支持	説明	提案	指示	説得	注意
依頼	感謝	承認	批判	否定	評価

介護の一場面を紹介します。援助者Aは、相手が去っていく言葉が多いようです。

> 援助者A：「山田さん、右足を上げてください」（指示）
> 山田さん：「あぁ？」
> 援助者A：「山田さん、右です」「右の足を上げてください」（指示）
> 山田さん：「うるさい！　あっちへ行け」
> 援助者A：「足を上げないとズボンを履けませんよ」（注意）
> 山田さん：「もういい！　やめだ！」赤面して怒る

援助者Aが「相手が去っていく言葉」を多用していることに気づいた援助者Bが、介助を交代しました。援助者Bは、「相手がふり向く言葉」を使っています。

> 援助者B：「山田さん、すみませんでした」
> 　　　　（あなたがお怒りだとわかります。承認）
> 援助者B：「私が代わります」（説明）
> 援助者B：「お願いです。私に介助をさせていただけませんか？」
> 　　　　（依頼、提案）
> 山田さん：うなずいて、応じる

このように、相手に何かを伝えるとき、「相手が去っていく言葉」ではなく「相手がふり向く言葉」を使うことで、こちらと相手との関係は大きく変化します。

2　「伝える」と「伝わる」は違う

こちらが意図したことを相手に伝えて、相手に正しく伝わったときに、「相手に伝える」という営みは成立したことになります。ところが、こちらは相手に伝えたつもりでも、相手に伝わっていないことはしば

しばあります。また、こちらが伝える内容と相手に伝わる内容が、ぴったりと合わないこともあります。先ほどの援助者Aは、「右足を上げてください」と依頼したつもりだったのかもしれません。しかし、山田さんに伝わったのは指示でした。ですので、**「伝える」ことと「伝わる」ことは、全く違うこと**を知っておくのはとても重要です。

こちらの意図したことがうまく伝わらず、相手の怒りを買ってしまったとき、私たちは「しまった」と思い、頭のてっぺんまで赤面してしまうほど心が動揺します。このとき、ひたすら同じ伝え方を繰り返しても、相手にちゃんと伝わることはありません。相手が怒りや拒否などネガティブな反応を示したら、「相手が去っていく言葉」を使っていたのではないかと振り返ってみてください。そして、「相手がふり向く言葉」で伝え直してみてほしいのです。

もちろん、こうしたことをそつなくこなすのは、いきなりは難しいでしょう。けれども、自分の言葉が相手をふり向かせる言葉か、相手が去っていく言葉かを日頃から意識して使ってみることで、相手に「伝わる」ための言葉の使い方が少しずつ洗練されていきます。

2 よくないことを伝える前の心配り

対人援助で相手に何かを伝えるとき、相手にとってよい話ばかりではありません。伝えたことがひとときの会話で終わるものもあれば、難しい病気の告知のように人生にかかわるようなものもあります。また、相手が大切なものを喪失するような現実を伝える場面もあります。このように、伝える内容は相手への影響という点で重さが異なります。

そのため、こちらが伝えることを相手がちゃんと受け取れるよう、伝える前の心配りをしておくようにしましょう。よくないことを相手に伝えるときに、次の3つを意識して実践してみてください。

1 話の先に道があることを示す

「相手はきっと動揺するに違いない」と思うことを、相手に伝えなければならないときがあります。話を伝えるだけなら、ロボットや伝書鳩で十分です。しかし、私たちはその話を伝えることで、相手がどのような気持ちになるかを想像することができます。そのため、ただ伝えるだけではなく、相手を思いやり心配りができるのです。

相手にとってつらいことを伝えるだけで終わってしまうと、相手は絶望してしまうかもしれません。けれども、そこで終わるのではなく、話の先に一筋の道を示すことができれば、どんなに相手は救われるでしょうか。

相手にとって受け入れがたいことを伝えなければならないときは、その先にどのような情報や提案があれば、相手は気持ちを和らげたり希望をもてたりすることができるかを事前に考えておきましょう。本題を伝えて終わりではなく、こちらがどんな伴走ができるのかをしっかりと伝えてほしいのです。

2　警報ではなく優しいドアノックを

　相手の心境に影響を与えるような話は、ドアノックをして始めることが大切です。ここでのドアというのは心の扉です。突然の警報が扉を突き破り耳に入ると、相手は激しく緊張し動揺します。きっとそのときの動揺は、胸の鼓動を全身に感じるほどでしょう。

　このような心境の急展開は、こちらが伝え方をコントロールすれば避けることができます。つまり、突然警報を鳴らすのではなく、相手の心の扉に優しくノックしてみるのです。ノックは、「これからあなたにとって大切な話が始まりますよ」という前置きの役目をします。例えば、次のような言葉を伝えます。

> 「お時間を作っていただき、ありがとうございます」
> 「大変お伝えしにくいのですが……」
> 「○○について折り入ってご相談したいことがありまして……」
> 「もしそうなら大変なことなのでうかがいますが……」
> 「急なことで、驚かれるかもしれませんが……」

　このように前置きがあると、相手への衝撃はいくらか和らぎます。実は、ノックの役目はそれだけではありません。大切な話を伝えるときに優しく心の扉をノックすると、相手はあなたに大切にされていると感じるのです。

3　ノックをしたら待つ

　ノックの話の続きです。

　介護施設に勤めていた職員が、数年後に訪問介護のヘルパーとして働くことになりました。これまでは施設に入所している利用者に対応していたのが、次からはこちらからお家に訪問して対応することになったのです。最初の訪問で、職員は玄関のチャイムを鳴らし、家人

が返事をするのを「待っている」自分に気づきました。思い返すと介護施設ではドアをノックしたと同時に「○○さん、失礼します」と入室していたのです。

この話では、どちらもプライベートなスペースへの入室という点で同じです。しかし、相手の返事を待つかどうかという大きな違いがあります。

心の扉をノックしたときも、これと同じです。間髪入れず話を伝えるのは、相手の返事を待たずお部屋に入るようなものです。大切な話を伝えるときには、相手の事情を考慮し、==相手がその話を聴くかどうか決めるための間が必要です==。「続きをお話ししてもよろしいですか」とか「お一人ですが、ご家族に同席してもらいますか」のように問いかけて、相手の返事を待ちましょう。

こうして、相手の返事があれば具体的に伝える段階に進みます。返事がない場合は、「どうかなさいましたか」などと問いかけ、相手の気持ちを確認しましょう。決して、一方的に伝えない。それが、「ノックをしたら待つ」ということです。

3 相手に伝わりやすい伝え方

ここからは、あなたが伝えたいことが相手に伝わりやすくなるちょっとしたコツを紹介します。**第2章**で紹介した非言語コミュニケーションは、どのようなコミュニケーションにおいても重要ですが、相手に伝える際にも伝わりやすさを後押ししてくれますので、意識して用いるようにしてください。

1 「わたし」を主語にして伝える

言いたいことが相手にうまく伝わらないのは、何が言いたいのかはっきりしていないからということがあります。こちらは言いたいこ

とを言っているつもりでも、表現が曖昧なため相手に伝わらないことは意外と多いのです。

そこで、「わたし」を主語にして、あなたが相手に伝えたいことを考えてみましょう。そうすると、あなたが相手に伝えたいことがハッキリします。

「わたし」を主語にすることには、もう1つ、こんなメリットもあります。それは、伝え方が優しくなるということです。私たちが相手に何かを伝えるとき、「あなた」を主語にして伝えることがあります。しかし、「あなた」を主語にすると、言い方がきつくなってしまうことが多いのです。

例えば、夫の帰りが遅いことを寂しく思っている妻が、自分の気持ちを夫に伝える場合で考えてみましょう。「あなた」を主語にすると、こんな感じになります。「あなたはいつも帰りが遅い！　どこで何してんのよ!!」。どうですか？　責められている感じがしませんか？　これを、「わたし」を主語にするとこうなります。「わたし、あなたの帰りが遅いのが寂しいんだ。仕事も忙しいと思うけど、チャンスがあれば早く帰る日もほしいな」。どうです？　「あなた」を主語にするのと比べて、言い方が優しくなっているのがわかりますね。

こんなふうに「わたし」を主語にすることで、相手に伝えたいことがハッキリするとともに、伝え方もマイルドになります。そうすると、相手はこちらの言葉を受け取りやすくなるのです。

2　短く区切って伝える

「あの、人間ドックを受けに来たのですが」

「それでしたら、この紙に必要なことを記入して、それからトイレに行って尿を採って、そのあと2階の検査室に上がって採血をして、それから……」

こんなふうに長々と説明されると、全く頭に入りません。
短く区切って伝えるようにすると、相手に伝わりやすくなります。

　先ほどの場合だと、「まず、この紙に必要なことを記入してください」「それから、トイレに行って尿を取ってきてください」のようにです。
　私たちは、よく知ったことについては、つい長々と話をしてしまいがちです。けれども、相手はそのことについて初めて聞くのであれば、そうした伝え方は不適切です。相手に対して短く区切って伝えることができているか、普段の伝え方を振り返ってみてください。
　文章についても、同じことがいえます。長々とした文章は、読み手に伝わりにくいので、できるだけ短く区切って書くようにしましょう。

3　具体的に伝える

　「気をつけて！」と言われても、何に気をつければよいかわかりません。しかし、「足元に段差があるから気をつけて！」と言われると、「足元に注意しよう」と思えますね。このように、相手に伝えたいことは、具体的にハッキリと伝えるようにしましょう。
　「言った」「聞いていない」という水掛け論が起こる一番の理由は、言ったほうが漠然と伝えてしまっていることが多いようです。例えば、「ちゃんとしてください」と言われても、こう言われた相手は何をど

うちゃんとすればよいかわかりません。その結果、「私はあなたに指示したのに、何にもしていないじゃないか」「いや、そんな指示は聞いていない」ということになるのです。こんなときは、「報告書は、3日以内に提出してください」のように具体的に伝える必要があります。

　先ほど述べた"短く区切って伝える"と今回の"具体的に伝える"は、相手がどのような人だとしても、理解しやすい伝え方です。例えば、認知症になると、誰しも理解力が落ちてしまいます。そのため、こちらの声かけがうまく伝わらないこともあります。"短く区切って具体的に"伝えることで、認知症の人にとっても理解しやすい声かけとなります。

4　時折質問をして理解度を確認する

　こちらが伝えたことが、相手にうまく伝わっているか、時折質問してみてもよいでしょう。例えば、「お伝えしたことで、わかりにくいことはありませんでしたか？」とか「ここまでの話はよろしいですか？」のようにです。相手が理解できていないことがわかれば、その点についてさらに詳しく伝えることができます。

　あるいは、相手に何か悪い知らせを伝えたときは、相手の気持ちを聞いてみることも大切です。「今、どのようなお気持ちですか？」「私に言っておきたいことは何かありませんか？」のように、相手が気持ちを伝える機会を作るのです。特に、悪い知らせを伝えたときは、相手は心細さや悲しみ、混乱といった感情を抱きやすくなります。このようなとき、こちらが一方的に説明を伝え続けると、相手はこうした感情を強め、孤独感に打ちひしがれてしまいます。だからこそ、相手の気持ちを言葉にしてもらい、その気持ちを受け止めるという機会を作ることで、「あなたは一人ではない」というメッセージを届けることが大切になるのです。

4 角が立たない伝え方

　相手に何かを伝えるとき、私たちは角が立つことを恐れて、相手に率直に伝えるのを躊躇することがあります。しかし、そのために伝え方がぼんやりしてしまうと、伝えたいことが相手にうまく伝わりません。ここからは、角を立てず伝えたいことを率直に伝えるコツを紹介します。

1　「相手への配慮」を伝える

　こちらが伝えたいことは、「相手への配慮」を少し加えるだけで、角が立たなくなります。一言でよいので、相手への配慮を伝えてみましょう。そうするだけで、相手も気分を害しませんし、こちらの言い分を受け取りやすくなります。
　例えば、申請書の手続きにやってきた住民が、印鑑を忘れてしまったために今回は申請を受理できない場合で見てみましょう。

> 住民：「印鑑を忘れてしまいました。でも、今日手続きを済ませたいので何とかなりませんか」
> 職員：「印鑑がないと受理できません。印鑑をお持ちいただいて、お越しください」

　職員の伝えたことは正論なのですが、住民にしてみたら突き放されたような感じがします。ここで、相手への配慮を一言加えてみます。こんな感じです。

> 職員：「わざわざお時間を作ってお越しいただいたのに申し訳ないのですが、印鑑がないと受理できません。印鑑をお持ちいただいて、お越しください」

こうした配慮が一言あるだけで、相手はこちらの伝えたことを受け取りやすくなるのがわかりますね。

2 「建設的な提案」を伝える

伝えたいことを言い出しにくいのは、それが相手の意に添わない場合です。こんなとき、建設的な提案ができると相手に伝えやすくなります。建設的な提案といっても、何もたいそうなことを提案する必要なんてありません。ちょっとしたことで十分です。

例えば、相手があなたに今すぐ面談してほしいとやってきたとします。けれども、あなたはこれから大事な仕事が入っており、それに応えることができません。ここで、「すみません。この時間は面談するのは難しいです」と断った後に、「〇日の14時からでしたら、30分程度時間がとれますがいかがですか」のような提案を付け加えるのです。

ただし、あなたの負担になるような提案は、決してしないようにしてください。「相手の気分を害してはいけない」とか「本音を言って嫌われたくない」とか思うと、つい過剰なサービスになりがちです。言いたいことを伝えて相手がどう受け取るかは、あなたではなく相手の持ち場です。

3 相手の見解を認める

相手の見解と異なることを伝えたいとき、真っ向からそのことだけを伝えるのはあまりよくありません。なぜなら、相手は自分の考えや気持ちを否定されたと感じてしまうからです。そうなると、こちらが伝えることがどんなに正しくて相手のためであったとしても、その言葉は相手に伝わりません。

例えば、次のやりとりを見てください。うつ病を患った患者が、抗うつ薬を飲み始めたのですが、しばらく服用しても効果が現れないので、もう飲みたくないという場面です。

> 患者:「しばらく薬を飲み続けましたが、病気は一向によくなりません。だから、もう薬は飲みたくないのです」
> 医師:「この薬は、効果が現れるまでに時間がかかります。だから、もうしばらく飲んでください」

　これでは、いくら医師の伝えたことがもっともだとしても、患者は自分の気持ちをはねつけられたと感じて、余計に服薬したくなくなります。こんなときは、いったん相手の見解を認めるようにします。例えば、こんな感じです。

> 医師:「そのような気持ちになってしまったのですね。あなたの言うこともわかります。実は、この薬は、効果が現れるまでに時間がかかります。だから、もうしばらく飲んでください」

　これだと、相手は自分の気持ちを受け止めてもらえたと感じられるので、こちらが伝えたことを受け取りやすくなります。このように、==あなたが伝えることが相手の見解と違う場合、相手の見解を認めたうえで伝える==ようにしてみてください。

4　否定形ではなく肯定形で伝える

　私たちは、どのような指摘であっても、「○○ではない」とか「○○してはいけません」のように否定形で伝えられると嫌な気持ちになります。こうした表現を多用してしまうと、相手は「この人は私のことを否定している」と感じてしまいます。そうなると、こちらが伝えたいことが相手に伝わりづらくなるどころか、相手はこちらにマイナス感情を抱き、心理的にも距離ができてしまいます。

　こうしたときは、==「○○してください」==のように肯定形で表現すると、

相手に嫌な気持ちを抱かせませんし、こちらの意図が伝わりやすくなります。例えば、書類を書き間違えた人に、「ここ違っていますよ」ではなく、「ここはこう書いてください」のように伝えてみるのです。

5 改善点を伝えるには二段構えで

「もっとこうしたほうがよい」という改善点を相手に伝えたい場合、頭ごなしによくなかったところを伝えると、相手によっては反発を招き受け取ってもらえないこともあります。また、よくなかったことを頭ごなしに伝えられたことで、相手は自信を失ってしまうことにもなりかねません。

相手に改善点を伝えたい場合は、「よいところを褒めて」「さらによくするには」の二段構えで伝えるようにしましょう。まず、相手のよかったところを褒めます。そうして、それがさらによくなるには、どのようにすればよいかを伝えるのです。この「さらによくなるには」が、相手に伝えたい改善点です。

例えば、話す声が小さい人に、もう少し大きな声で言うようにした

ほうがよいと伝えたい場合を考えてみましょう。よくない伝え方は、「そんな小さな声ではダメです。もっと大きな声で言うようにしてください」です。二段構えで伝えると、こんな感じになります。「相手の目を見て話ができているところがよかったですね。もう少し大きな声で話してみるようにすると、もっとよくなりますよ」。

　よくなかったところを指摘して改善点を伝えるのは、マイナスをプラスにするという視点です。よかったところを褒めたうえで、それをさらによいものとする改善点を伝えるのは、==プラスをさらにプラスにする==という視点です。こうした伝え方だと、相手は嫌な気持ちにならず、改善点を身につけるモチベーションも高まりますね。

5 伝えやすいタイミングをねらう

　せっかく伝わりやすい伝え方を用いても、タイミングが悪ければ相手にうまく伝わりません。本章のおわりに、伝わるタイミングについて述べてみます。

1 相手が何かに夢中になっているときは関心が逸れたときをねらう

　相手が何かに夢中になっているときは、それから関心が逸れたときに伝えるようにします。何かに夢中になるということは、そこしか見えていない、つまり視野狭窄(きょうさく)が起こっているのです。そのようなときに声をかけても、相手に伝わるはずはありません。

　ゲームに夢中になっている子どもに、「宿題したの？」と何度も問いただす保護者がいます。けれども、==このようなときに子どもに何を言っても耳に入りっこありません==。無視されるか、気のない返事が返ってくるだけです。こうしたときは、子どもがトイレに立ったときやお菓子をつまんだときなど、子どもの関心がゲームから逸れたとき

に声をかけるようにします。

2 相手が怒ったり興奮したりしているときは治まったときに声をかける

　相手が怒り心頭のときや興奮しているときに、「ですからこれは……」とか「お部屋に戻りましょう」などと声をかける援助者がいます。こうしたときも、相手は視野狭窄を起こしているので、こちらの声かけはほぼ耳に入りません。相手が怒っているときや興奮しているときは、こちらからの声かけは**相手の怒りや興奮が治まってから**にしましょう。

　このときの声かけには、工夫がいります。後で話をする理由を相手のせいにしないでください。例えば、「あなたが怒っているので、冷静に話し合えません。なので、後日（後で）この件について話し合いましょう」のように言ってしまうと、相手はますます怒ってしまいます。

　このようなときは、**こちらのせいにしてしまうのです**。例えば、「こ

のことについて、うまくお伝えする自信がありません。申し訳ありませんが、後日（後で）お話しさせてください」のような感じです。

3 相手の注意をひきつけてから伝えたいことを伝える

「うちの人、わたしの話を全然聴いてくれないのよね」とぼやいたりする人や、「この人に、うまく説明が入らないのです」と嘆いたりする援助者がいます。実は、こちらの話を聴いてくれない理由のなかには、伝えた相手がこちらに注意を向けていなかっただけという単純な理由が多く見受けられます。例えば、相手の注意が全然違うところに向いているのに、一生懸命相手に話しかけても、相手に伝わることはありません。

相手の注意がこちらに向いているのを確認するわかりやすいサインは、相手の視線です。相手の視線がこちらに向いているときに、伝えたいことを伝えるようにしましょう。相手の注意がほかに逸れているときは、相手の名前を呼ぶなど、こちらに注意を向ける対応をしてから声をかけるようにします。

相手が視覚障害をもっていて視線の確認ができない場合は、これから何かを伝えることを優しく言葉で知らせたり、相手に優しく触れたりして、こちらに注意を向けるようにしてみてください。

作法のお稽古

稽古その壱 言葉のチカラに注目しよう

「相手がふり向く言葉」と「相手が去っていく言葉」にあてはまる言葉や語頭・語尾の表現を書き出してみましょう。

相手がふり向く言葉	相手が去っていく言葉
支持 説明 提案 依頼 感謝 承認	指示 説得 注意 批判 否定 評価

[解答例]

相手がふり向く言葉	相手が去っていく言葉
支持 説明 提案 依頼 感謝 承認	指示 説得 注意 批判 否定 評価
そうなのですね（支持・承認）	してください（指示・説得）
それも一理ありますね（支持・承認）	でも（否定）
していただいてもいいですか（依頼）	それをしてはいけません（注意・否定）
○○してみませんか（提案）	ダメですよ（否定・批判・評価）
ありがとうございます（感謝）	はぁ〈とため息〉（否定）
それはいいですね（承認）	○○しなさい（指示）
勇気づけられます（感謝）	どうしていつも○○なの（否定）
それは○○です（説明）	もっと頑張ってください（説得・指示）
よく頑張ってますね（承認）	○○です。わかりましたか〈語気を強める〉（説得）
○○です。わかりにくい点がございますか？（説明）	お客様の○○はできません〈否定的事実のみ伝え、それぐらいわからないのかというニュアンス〉（否定・注意）
○○です。一緒にご案内しますね（説明）	またか、3回目ですよ（否定）
○○はあいにくございませんが、△△はいかがですか（提案）	さっきも……（否定）
そのように○○してこられたのですね（承認）	それでいいんですね〈語気を強め、よくないでしょというニュアンス〉（評価）

稽古 その弐　相手を大切にする伝え方を磨こう

① 最近、伝え方で失敗したなぁと思う場面を思い出してください。そのときの場面と伝え方を書いてみましょう。

（ちなみに、失敗したと感じているのは、もっとよくなる余地がある伝え方だと気づいているということです）

場面	
伝え方	

② ①の伝え方を「相手に伝わりやすい伝え方」や「角の立たない伝え方」に変換してみましょう。

相手に伝わりやすい伝え方	
角の立たない伝え方	

③ この本を研修会で使っている人は、二人組になって次のワークにチャレンジしましょう。まず、話し手と聴き手に分かれてください。

　話し手は、①と②の伝え方で聴き手に話しかけてください。

　話し手が伝え終わると、聴き手は①と②の伝え方でどのような違いを感じるかを相手に伝えましょう。話し手は、①と②で伝えてみて気づいたことを相手に伝えましょう。

コラム 信じて待つ

（私）たちは相手との関係のなかで、実に多くの約束や確認を重ねることがありますが、私たちはどれだけ相手を心から信じて待つことができているのでしょうか。

精神障害の高山さんは、生活を支えていたお母さんが亡くなったあと、浪費が続きたちまち生活に困りました。相談を受けた私は、第三者による金銭管理の支援を検討してもらうよう提案しましたが、他人が信用できないときっぱり断られました。そのうち電気が止まるようになり、このままでは在宅生活も危うくなると説得しても「自分でやってみて、できなかったら考えるから」との返事でした。私は、体よく断られたと考え、やっぱり制度利用は難しいかなとすでにあきらめていました。もっと事の深刻さを理解してもらうにはどうしたらよいのか等々関係機関でも協議を重ねましたが、本人を説得する以外よい案は思いつきませんでした。

4か月後、突然高山さんに呼び出されました。そこには晴れ晴れとした表情で「自分でやってみたけど、お金を使いすぎて管理が難しいことがよくわかった。今が引き際だと納得した。約束通り管理をお願いしたい」と言いきる高山さんがいました。私は彼のあまりに見事な幕引きと堂々たる態度に、逆にあたふたして笑われたことを覚えています。

（上）記の例では、たまたま相手の力に助けられたからよかったものの、もし相手の言葉だけ了解したふりをして、きっと相手は行動を変えないに違いないと疑い続けていたらどうだったでしょうか。場合によっては相手がそこをたやすく見破って、もしかしたら相手自身の力を発揮することができにくくなったのかもしれません。

どんな人にも自分のなかでの矛盾や葛藤を咀嚼して整理するための時間がいる。これは自分に置き換えてみることで、相手には相手の事情や考えを変えるための準備の時間が必要であることを理解できる気

がします。それが例の高山さんには4か月という時間が必要だったということでした。

　相手を信じて待っていることを伝えるにはやはりコミュニケーションの力だと思います。一致した言語と非言語を駆使して、約束したことを信じて待ちたいと伝える。伝えた以上は約束した期間を信じて待つ。信頼関係とはそこから付いてくるように思います。

　しかし、相手の理由はあるものの、相手から何回も約束を破られてしまった経験のある援助者は私だけではないと思います。実際に約束を果たしてもらえないことが続くと、信頼関係にも影響します。

　もし、残念ながら何度も約束を破ってしまう相手に対しては、どうしたらいいでしょうか。

　1つめは**第3章**にあったように、相手が援助者とは違う価値感があるゆえの事情があると考えることです。時間軸のとらえ方も人によって違うと思えば、少しだけこちらの待つ余裕が生まれてきます。

　2つめは、待っている間何もしないのではなく、相手への勇気づけを続けることです。新しいことへの変化は誰だって勇気がいります。そこに「失敗しても大丈夫」のメッセージや、「いつでも相談にのりますよ」といったほどよい距離から見守っていることを伝えることで、相手が安心して課題に取り組めるのではと思うのです。

　相手が誰であろうと、多様性を認める寛容さと、人を援助するというのは本来はおこがましいことであると気づく謙虚さが援助者に広く備われば、本当に相手を信じて待つことがきっと実現できる。そこに期待しつつ、私もそうありたいと自分を信じて精進していこうと思います。

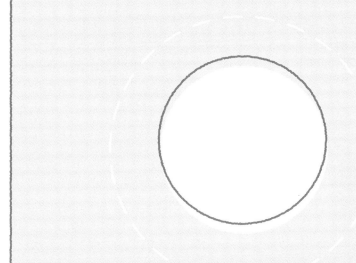

6
相手のもっている力を引き出す作法

「対人援助は援助者が相手に何かをしてあげること」と思う人は少なくないでしょう。けれども、それだけではうまくいかないことが多く、相手のもっている力を引き出すことが大切です。援助者がそのような働きかけを行うことによって、相手は困難な状況に直面したときにも自らの力で乗り越え、「自分にもよいところがある。自分の力でも何とかやっていける」と前に向かって変化していきます。ここでは、相手のもっている力を引き出す作法を手ほどきします。

1　相手がすでにもっている力を見つける

　対人援助という言葉をイメージすると、相手に何かしてあげる、アドバイスするなどの言葉が頭に浮かぶかもしれません。あるいは、あなたが困っている人に手助けをしようとするとき、こちらから一方的に何かをしてあげなければいけないと思ったりしないでしょうか。しかし、こちらが何かをすることで相手の困りごとを解決するだけが対人援助ではありません。

　人を援助しようとするときに大変さを感じるとすれば、それは援助者だけでその人の問題解決を図ろうとしているからかもしれません。こんなとき、相手のもっている力も動員することができれば、援助がうまく進むだけではなく、こちらの感じる負担感も小さくなります。対人援助がうまくいく鍵の1つは、「相手のもっている力を引き出す」ことです。

　とはいえ、相手のもっている力を引き出すには、まず私たち援助者が、人は誰もが力をもっていることを理解し、相手の力に目を向けることができなければなりません。まずは、その辺りのことからお伝えしたいと思います。

1　誰もが力をもっている

　私たちは、誰もが力をもっています。力と聞くと、人と比べて何か抜きんでた能力などを想像する人もいるかもしれません。そう思うと、「相手のもっている力を引き出すって、何か特別な能力を見つけなくてはいけないのかな」と力みそうですが、その必要はありません。

　例えば、いい加減と思える人も、裏を返せばささいなことにこだわらないおおらかな人として理解することができます。自信をなくして引きこもっている人は、ストレスから自分の身を守る行動を積極的に取っている人だと見ることもできます。つまり、誰もが自分なりに日常と折り合いをつけながら生活していて、そこにその人のもっている力を垣間見ることができるのです。

　「どうせ私なんか……」という思いで生きている人は、きっと自分の力に気づかずに過ごしている人です。自分のダメなところばかりに注目していると、「本当に自分はダメだ」との思いに支配されてしまいます。こんなとき、援助者が相手のもっている力を引き出し、それ

を相手に気づいてもらうことができれば、相手は自分や世の中に対する向き合い方が変わってくるはずです。

2 "お世話の働きかけ"と"自立の働きかけ"

　私たちは、相手が困難な状況にあるほど、「何とかしてあげたい」という強い気持ちがわき、必要以上に相手にかかわりすぎてしまうことがあります。ですが、==相手に代わって何でもしてあげるような必要以上の援助が続くと、相手は「自分でできる世界」が狭められてしまい、自信や自尊心は下がってしまいます==。これでは、相手のもっている力を奪う援助となってしまいますね。

　援助者が、困っている相手のために何かをしてあげたいと思うのは自然なことです。けれども、人は誰もが「一度きりの人生を自分らしく生きたい。そのために、自分でできることは自分でしよう」という自立の気持ちをもっています。

　「相手に届ける援助が、相手のためになっているか」。そこを問い直すことは、私たち援助者にとって大切なことです。そして、その問いを考えるにあたり、"お世話の働きかけ"と"自立の働きかけ"というキーワードが役に立ちます。

　お世話の働きかけとは、相手が困っていることを補うために援助者が力を尽くすようなかかわりをいいます。どちらかというと、援助者が前面に出て相手を支えるというイメージです。相手の状態によっては、お世話を中心とした働きかけをしたほうがよい場合もあります。ですが、それが度を越えてしまい、必要以上の援助をしてしまうと、相手の自立を阻むことになります。

　これに対して、自立の働きかけとは、相手が自分の意思で人生を生きられるようお手伝いすることです。自立の働きかけにとって大切なことは、相手が「自分には力がある」と気づけるようになることです。相手のもっている力を引き出し、その力に相手が気づき、その力を上手に使うために手助けをする。こうした働きかけが、自立の働きかけ

です。

　「自分の力で何とか乗り越えることができた」と相手が思えるようなお手伝いができれば、それはとても理想的な対人援助です。そして、そのような援助こそ、自立の働きかけなのです。

3　相手の力を見つける目のつけどころ

　誰もが力をもっていることがわかれば、どうやってそれを見つけるのかを知りたいですよね。私たちのもっている力は、いろんな領域に潜んでいます。まずは、人のなかに潜んでいる力の領域について説明します。図4は、相手のもっている力を見つけるときに、注目してほしい領域です。

　"性質・性格"や"才能・スキル"は、それが力となるのはわかりやすいと思います。"関心・願望"が力になるなんて、驚く人もいることでしょう。例えば、意欲がわかず家に引きこもっている人が、「絵を描いてみたい」と願うことができると、それは紛れもなくその人の力と考えてよいと思います。パニックが起こりそうで電車や飛行機に乗るのを恐れていた人が、「旅行がしたい」と思えば、それもその人

図4　人のなかに潜む力の領域

性質・性格	関心・願望
「ユーモアがある」 「努力家である」 「人懐っこい」　など	「旅行がしたい」 「絵を描いてみたい」 「子どもと暮らしたい」　など
才能・スキル	人間関係・地域資源
「ギターが弾ける」 「料理ができる」 「資格がある」　など	「親戚のおばちゃんが近所にいる」 「支援センターを利用できる」　など

の力として理解できますね。

　"人間関係・地域資源"とは、その人とかかわりのある人間関係や、地域で利用できるものすべてを指します。私たちは、一人で暮らすことはできず、困ったときにお互いに助け合える関係が広いほど、豊かな人生を送ることができます。地域資源は、対人援助にかかわる施設やスタッフのような専門機関ばかりでなく、「近くにスーパーがある」のようなことまで、その人の生活を支えるものをその人のもっている強みとして考えることもできます。

2 相手のもっている力を引き出すスキル

ここからは、相手のもっている力を引き出し、それを相手に伝える具体的な働きかけについて述べていきます。

1 これまでどうやって対処したかを尋ねる

私たちは、問題や困りごとを抱えているとき、ついつらいほうに目を向けてしまいがちです。ですが、問題を抱えながら暮らしているということは、裏を返せば「問題に自分なりに対処してきたから、今日まで何とかやってこられた」と考えることができます。

ここを理解していれば、相手が今日まで問題や困りごとを抱えて暮らしてきたことを話したとき、こんなふうに尋ねることができます。

> 「こんなに大変な状況なのに、今までどうやって頑張ってこれたのですか？」
> 「その状態で、今日までどのようにしてしのいできたのですか？」

ちなみに、このような問いかけを、「コーピング・クエスチョン（対処の質問）」といいます。もちろん、こうしたことを尋ねるには、相手との信頼関係が求められます。信頼関係が十分に築けていないのにこのように尋ねても、「頑張れてなんかいません。私はとにかくつらいのです」という返答が返ってくるのがオチです。しかし、相手との信頼関係がしっかりと築かれている場合には、このような問いかけを通して、相手は自分がもっている力に目を向けることができるようになります。

ある女性とのやりとりを見てみましょう。この女性の夫はまともに仕事にも就かず、借金を重ねています。女性がそのことを注意すると、

夫から暴力をふるわれ、彼女自身の実家の両親とも仲が悪く、女性はすっかり希望をなくしてしまっています。

> 女　性：どうしていいかわかりません。死んでしまいたいです。
> 援助者：そんなこと言わないでください。大丈夫。きっとうまくいきますから。
> 女　性：こんなにつらいのに、誰も私のことなんてわかってくれないんですね。もういいです。

　援助者は何とか元気づけようとして声かけをしましたが、女性は元気づけられるどころかますます絶望的な気持ちになってしまいました。
　では、次のような会話ならどうでしょうか。

> 女　性：どうしていいかわかりません。死んでしまいたいです。
> 援助者：とてもおつらそうですね。これほど大変な状況でどうやって今まで頑張ってこられたのですか。
> 女　性：実は、私には子どもが一人います。この子だけは何とか立派に育てたくて。それだけを思って頑張ってきました。
> 援助者：お子さんを立派に育てたいというお気持ちで、何とか今日まで頑張ってこられたのですね。
> 女　性：確かにそれはありますね。

　死にたいほどつらいと感じる状況のなか、頑張ってきた事実を援助者が問いかけによって引き出すことで、女性は自分自身の力に気づくことができました。自信は外側から与えられるものではありません。内側からわき出してくるものです。

2 相手がもっている視点を変える

はじめに次の会話を見てください。

子育てで忙しい山下さんは、息子の太郎ちゃんの1歳半健診に行き、援助者に日頃の育児のストレスを話しました。

> 山下さん：子どもが歩き回るので、家事は大変でヘトヘトになります。
> 援助者：そうなのですね。
> 山下さん：食事のときは自分で食べようとするんで、テーブルも床も散らかってイライラします。大声で怒鳴って、後で反省の毎日です。
> 援助者：怒鳴ってしまうくらい大変なんですね。毎日よく頑張っておられますね。でも1歳半なので、どのお母さんも苦労していますよ。
> 山下さん：みんな苦労しているんですね。
> 援助者：そのうちきちんと食べるようになります。もう少しの辛抱ですよ。相談に乗りますので、大変だけど頑

> 張ってくださいね。
> **山下さん**：はい。私だけじゃないのですね。頑張るしかないですね……。（と無理に納得）

　この会話を見て、どのように感じましたか。援助者の声かけは正しいアドバイスですが、山下さんには少し受け入れにくさがありますね。「皆がそうですよ」とか「普通はこう感じるものですよ」のような一般的な言い方は相手の心に響きにくいようです。

　では、次のように会話が進むとどうでしょうか。

> **山下さん**：子どもが歩き回るので、家事は大変でヘトヘトになります。
> **援助者**：そうなのですね。
> **山下さん**：食事のときは自分で食べようとするんで、テーブルも床も散らかってイライラします。大声で怒鳴って、後で反省の毎日です。
> **援助者**：テーブルや床が散らかってしまうということは、お子さんが自分で食べようとする気持ちを、山下さんはとても大切にされていらっしゃるのですね。イライラしたらつい大声で怒鳴ってしまうようですけれど、それではダメだという気持ちももっていらっしゃるのですね。
> **山下さん**：確かに……。私は、子どもが自分で何かをしようとする気持ちを大切にしたいと思っていました。私自身、親からあれこれと干渉されて、とっても息苦しい子ども時代を過ごしてきたので、そう思ったんだと思います。食べたものを散らかすというのは、子どもが自分で食べようとしている証ですよね。
> **援助者**：ご自分の体験から、お子さんのために大切にしてあ

> げたいことを育児に込めようとされていらっしゃるのですね。
> 山下さん：そうです。いろいろとつらくなることもありますが、私なりに子どもに向き合ってみようと思います。

　この会話では、山下さんの訴えを別の視点からとらえ直し、山下さんのもっている力への気づきを促しています。このように、視点を変えて別の見方から物事をとらえ直すことを「リフレイム」といいます。
　人は困っているときや問題を抱えているとき、悪いほうに目が向きがちです。援助者も、相手の困った行動や訴えなど、問題に注目することが多いと思います。ところが、そうしたネガティブに見えることのなかに、その人のもっている力が潜んでいることがあります。それを見つける方法が、リフレイムなのです。リフレイムによって、視点を変えて物事を眺めることで、相手のもつ力を引き出すことができます。
　リフレイムは、意識して実践しているうちに、誰でも簡単にできるようになります。まず、リフレイムの事前準備として、援助者自身の視点を切り替える必要があります。少なくとも、相手と同じ立ち位置で問題を眺めているばかりでは、リフレイムはかないません。第3章で述べた、ニュートラルな姿勢や決めつけない（ラベルを貼らない）姿勢を保ってください。こうした態度は、私たちの心のフットワークを軽くしてくれるので、相手のネガティブに見える要素のなかに、相手のもっている力を見つけ出しやすくなります。
　リフレイムを実践するために、相手の言葉や行動に対して「それには、他にどんな意味があるのか」とか「どんなプラスの価値があるのだろうか」という問いを投げてみると、そこに視点を変えた相手の力を見つけることができます。
　あるいは、もっと簡単にリフレイムするコツがあります。それは、相手のネガティブな訴えや行動の後に、「○○できる」という言葉をつけ足してみるのです。例えば、「私は母親失格です」という訴えだと、

「母親失格だと思うことができる」となります。ここから、この人の隠れた力は何かを考えると、「もっとよい母親になりたい」という願望が見えてきますね。「私は母親失格です」という強烈な後ろ向きの訴えを、「もっとよい母親になりたいというお気持ちが強いのですね。そのために何ができるか、一緒に考えていきましょう」という強烈な前向きのやりとりに変換することができます。

リフレイムによってこれまで気づけなかった自分の力に気づくことができる。それによって相手の、「前に向かって何とかやってみよう」という気持ちを無理せず後押しすることができます。

リフレイムの理解を深めるために、リフレイムを用いない会話と用いた会話の違いをもう少し見てみましょう。最初に、リフレイムを用いない会話をお出しします。

> 一村さん：先日、仕事で上司から「期日までに仕事を仕上げられないようではダメだ」と強く叱られてしまいました。

> 援助者：そんなことがあったのですね。それを受けて、どのような気持ちになりましたか。
> 一村さん：自分は仕事のできないダメな部下だと思い、落ち込みました。それからは仕事が手につかず、夜も眠れません。
> 援助者：そうでしたか。仕事が手につかず、夜も眠れないくらい落ち込んでいて、つらいお気持ちなのですね。
> 一村さん：はい。これから先も仕事を続けていけるかどうか、自信がありません。

　これは、対人援助においてよくある会話です。援助者の言葉は、相手に対する受容と感情理解ができており、一見問題はなさそうです。けれども、一村さんの気持ちは後ろ向きのままです。
　このやりとりにリフレイムを加えると、次のような展開になります。

> 一村さん：先日、仕事で上司から「期日までに仕事を仕上げられないようではダメだ」と強く叱られてしまいました。
> 援助者：そんなことがあったのですね。それを受けて、どのような気持ちになりましたか。
> 一村さん：自分は仕事のできないダメな部下だと思い、落ち込みました。それからは仕事が手につかず、夜も眠れません。
> 援助者：そうだったのですね。夜も眠れないほどつらいことだったと思いますが、==それだけ仕事のことを真剣に考えておられたのですね。==
> 一村さん：実は、期日までに仕上げようと頑張ったのですが、間違いがないようにと時間をかけすぎてしまいました。
> 援助者：そうでしたか。一村さんは、期日までに仕上げようという気持ちだけではなく、==丁寧に仕事に取り組も==

> うという気持ちで頑張ってこられたのでしょうね。
> 一村さんのその「丁寧に仕事に取り組もう」という美徳を、今の仕事にうまく表すにはどうすればよいか、一緒に話し合いたくなりました。
> 一村さん：そう言っていただけると、少しだけ自分に自信がもてたような気がします。確かに、丁寧に仕上げたいという気持ちは僕がこれまで大切にしてきたことなので、それをうまく仕事に表したいです。

　一村さんは、上司に叱られたことをきっかけに、期日までに仕事を仕上げられなかったことに注目しすぎていました。援助者は、一村さんの仕事に対する姿勢に見られた力をリフレイムによって伝えました。それに気づけた一村さんは、前に向かって進んでいこうという気持ちに立つことができました。このように、リフレイムによって相手のもっている力を引き出すことで、「もうダメだ」から「何とかなる」のように相手の立ち位置まで変えることができます。

3 承認という「イイ出し」で相手を勇気づける

　相手の考えや行動を肯定するメッセージのことを、「承認」といいます。人は、他者から承認されると、「自分の考えや行動でいいのだ。このまま進んでいこう」と勇気づけられます。

　あなたはここ最近、誰かから自分の考えや行動など、あなた自身について承認されるメッセージを受け取った記憶がありますか？　実は、案外少ないのではないでしょうか。もちろん、あなたに承認すべき点が少ないということを意味しているわけでは決してありません。これは、相手を承認するという、相手のもっている力を引き出す基本的で大切なかかわりについて、私たちがあまり得意ではないことを物語っているのです。

　相手を認めるという行為の重要性は、誰もが否定しないことであるにもかかわらず、私たちには他人を承認するという営みが意外と欠如しているものです。それどころか、注意や説得など、相手を否定するメッセージを多用する傾向があるのではないでしょうか。「デイサービスに来てくれない」とか「レクリエーションに参加しない」のように、相手が何かに意欲的に向き合えないことがあります。こうしたとき、私たち援助者は、できていないところを「しましょう」「頑張りましょう」と説得することで、相手の意欲を引き出そうとします。

　子どもの頃を思い出してください。親から「勉強しなさい」と何度も説得されたり注意されたりして、勉強する意欲は高まったでしょうか。むしろ親のそうした声かけが多ければ多いほど、勉強に向かう意欲はしぼんでいったと思うのです。相手が、「動いてみよう」とか「試してみよう」と思えるのは、「Looking bad（全然ダメね）」というダメ出しではなく、「Looking good（イイ調子！）」というイイ出しによってなのです。この章の最後にあなたに伝えたいこと。それは、**「相手を勇気づけるようなイイ出しをしましょう」**ということです。

　承認のメッセージは、あなたが相手の様子を見聞きして、「それはイイ！」と感じることに対して、言葉をかけることによって成り立ち

ます。
　次の会話を見てください。体調を壊して引きこもりがちだった山本さんの元気そうな姿を見て、援助者が話しかけます。

> **援 助 者**：山本さん、最近元気そうですね。
> **山本さん**：そうなんですよ。体調がよくなって仕事ができるようになりました。
> **援 助 者**：仕事を始められるまで元気になられたのですね。
> **山本さん**：実は朝30分の散歩を続けているんですよ。それがいいみたいです。
> **援 助 者**：散歩を続けることで、体調が回復してきたのですか。
> 　　　　　　（あなたは）よく頑張っていますね。（承認）

　援助者は、山本さんの営みに対して、最後に「よく頑張っていますね」という承認のメッセージを届けています。ちなみに、このような承認のメッセージは、「あなた」を主語にして「あなたは○○ですね」と伝える一般的な声かけです。決して悪いわけではないのですが、こ

のような伝え方だとこちらが高い立場から相手を評価しているようなニュアンスが伴うこともあり、相手によっては不快感を覚えることもあります。

　また、伝えたことが的を射ていれば効果的な声かけとなりますが、しばしば的外れになることがあります。例えば、この会話では山本さんは頑張っているつもりはなく、楽しんでやっているかもしれません。そうすると、「頑張っていますね」と援助者から言われても、相手はそんなつもりはないのでピンときませんね。

　承認のメッセージをグレードアップするコツがあります。次の会話を見てください。

> 援 助 者：山本さん、最近元気そうですね。
> 山本さん：そうなんですよ。体調がよくなって仕事ができるようになりました。
> 援 助 者：仕事を始められるまで元気になられたのですね。
> 山本さん：実は朝30分の散歩を続けているんですよ。それがいいみたいです。
> 援 助 者：散歩を続けることで、体調が回復してきたのですか。
> 　　　　　（私は）散歩を続けてこられた山本さんの持続力はすごいなと思います。山本さんのそんなところ、私も見習いたいです。（承認）

　承認のメッセージが、先ほどと比べトーンが変わっています。第5章で取り上げた、「わたし」を主語にした伝え方によって承認のメッセージを届けているのです。「あなた」を主語にするよりも、「わたし」を主語にして承認を伝えるほうが、相手は「これでいいんだ」「今の自分でOKなんだ」と勇気づけられます。

　「あなたは○○ですね」というメッセージは、相手の持ち場に踏み込んだ発言です。それに対して、「わたしは、○○だと思います」と

いうメッセージは、自分の持ち場で感じたことを言葉にしています。そのことが、相手に嫌な感じを与えず、援助者自身の感じた言葉として真実味を伴うことで、相手が勇気づけられる承認のメッセージとなるのです。

　以上、相手のもっている力を引き出すスキルとして、3つ紹介しました。何よりも大切なことは、「誰もが力をもっている」ということを私たちがしっかりと理解しておくことです。潮干狩りに行っても、「ここに貝はいない」と思えば、その辺りを掘ってみるという行動は起こりません。それと同じで、「誰もが力をもっている」という視点がなければ、相手に潜んでいる力を見つけようとはしませんね。相手のもっている力を引き出すスキルを身につけても、「誰もが力をもっている」というコンパスがなければ、スキルは宝のもちぐされとなってしまいます。

　あなたの心の中で、「誰もが力をもっている」というコンパスがしっかりと定着していないようなら、早速今日からあなた自身や身のまわりの人の力を見つけて、このコンパスをあなたのものにしてください。そうすると、人に対する理解の幅が広がり、対人援助はさらに豊かなものとなるはずです。

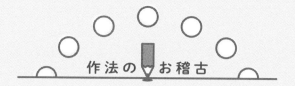

作法のお稽古

稽古その壱 自分の強みを見つけてみよう

　あなた自身には、どのような力があるでしょうか。人の力の潜む4つの領域について、それぞれ3つ以上自分の力を見つけて書き出してみましょう。

　研修会でこのテキストを使っている人は、お隣さんと許せる範囲で自分の見つけた力について共有し合ってください。

性質・性格	関心・願望
才能・スキル	人間関係・地域資源

稽古 その弐 ネガティブな訴えをリフレイムしよう

　リフレイムにチャレンジしましょう。次を見てください。相手の状況と相手の訴えを見て、そこに潜んでいる力を見つけて、リフレイムの欄に書き込んでみましょう。

相手の状況	ネガティブな訴え	リフレイム
施設に入所している認知症の高齢者で入浴を拒否する人がいました。	「風呂には入らん」と訴える。	
断酒会に参加した人で、日曜日に再飲酒してしまったと話す人がいました。	「自分なんて、断酒できないダメな奴だ」と訴える。	
重い糖尿病があり、甘いものを制限しないといけない人がいました。	「饅頭が食べたい」と何度も訴える。	

[解答例]

相手の状況	ネガティブな訴え	リフレイム
施設に入所している認知症の高齢者で入浴を拒否する人がいました。	「風呂には入らん」と訴える。	入浴を拒否することができる。 →自分の意思を伝える力をもっている。
断酒会に参加した人で、日曜日に再飲酒してしまったと話す人がいました。	「自分なんて、断酒できないダメな奴だ」と訴える。	土曜日までは断酒できた。 →一定期間断酒する意欲と力をもっている。
重い糖尿病があり、甘いものを制限しないといけない人がいました。	「饅頭が食べたい」と何度も訴える。	饅頭が食べたいと訴えることができる。 →自分の好みを伝えて食事を楽しもうとする力をもっている。

相手のよい点を「私」の言葉で伝えよう

承認のメッセージを考えてみましょう。まず、次を見てください。

　お菓子づくりをしている福祉作業所で、障害がある松本さんは週4日働いています。今日は、うつむいて元気がありません。援助者のAさんが話しかけます。

援助者A　松本さん、どうされましたか。元気がないように見えるのですが。

松本さん　上手にクッキーが焼けるようになりました。でも、何か自信がもてないんです。工場長に自信をもってくださいと言われているのに。成人した男がこの程度で喜んじゃダメだと情けなくなってしまうんですよ。

援助者A　この程度じゃダメって情けなくなるんですね。

【この後に、承認メッセージを入れてみましょう】

［解答例］
・クッキーを焼くのって何かと難しいですが、私は松本さんがいつも上手にクッキーを焼いていらっしゃるのを「やるなぁ」と思いながら拝見していました。
・今の状況でも十分だという評価もあるのに、今よりももっと上を目指したいというお気持ちをもっているのですね。私は、そんな松本さんの姿勢がとてもまぶしく感じます。

コラム ポジション

　学生時代に野球部に所属していた私は、小柄で身体能力に恵まれず、肩が悪く打力のない選手でした。もちろん、それらの力を身につけるために日々練習に取り組んだのですが、周りの選手に比べるとやはり平均以下。練習を重ねても伸びない自分の身体能力に限界を感じ、「自分は野球に向いてないのではないだろうか」と落ち込むこともありました。

　それでも私は、「ベンチを温めずレギュラーとして試合に出て、チームの勝利に貢献したい」という気持ちから、このチームのなかでどのポジションに位置して、何をすればチームの勝利に貢献できるかを考えました。できない自分と向き合っても答えはなく、逆に他の選手より優れている自分の長所は何だろうかと考えるようになっていたのです。今思えば、これが無意識に自分自身に行っていた、天然のリフレイムだったのかもしれません。

　「小柄で身体能力の低い選手」というネガティブフレームから見方を変えてみると、攻撃ではバントと走力、守備では状況判断と捕球力に優れていることに気づいた私は、「この分野においては誰にも負けない力を身につけたい」と思うようになり、不得意な分野は程々に、得意な分野を伸ばすことに重点を置いて練習に取り組むようになりました。

　結果として、2番セカンドのレギュラーポジションを勝ち取ることができたのです。攻撃においては、1番バッターが出塁したら、2番バッターとして自分が犠牲となり、送りバントでランナーを進塁させ、次の3番、4番につないで長打で得点を取る。守備においては、状況判断をして進塁を防ぎ、確実に捕球をして失点を減らす。

　周囲から見れば、とても地味な役割に見えるかもしれません。しかし、自分の強みを活かして働きかけることで全体の流れがよくなり、チームの勝利に貢献できるという喜びを得た私にとっては、自分が4

番バッターやピッチャーのような派手な役割でないことはどうでもよかったのです。

　今思えば、自分の身体能力だけでポジションを競っていたら、身の丈以上のことを強いられ、無理をして頑張りすぎてしまい、自分のできない部分にばかり目を向けていたのかもしれません。

　このような経験から、対人援助の場面においても、適切なポジションとは何かを常に考えるようになりました。ここでいうポジションとは、相手が達成したい目標に対して、私がどの位置にポジションを取れば、そのお手伝いが効果的に行えるのかを考える、ということです。1対1で行われる対人援助の場面においては、**第6章**でも触れた、「お世話と自立の働きかけ」の適切な割合を考えます。私のなかで、「お世話」は攻めるように積極的に行う攻撃、「自立」はじっくりと状況を見守りながら必要最小限に行う守備のイメージです。

　自分の力で達成したい気持ちが強い相手に対しては、働きかけを最小限にして遠方で見守り、自信がなく後押しを求めている相手に対しては、お世話の度合いを限定的に行い、近距離で伴走するように働きかけます。いずれにせよ、最終的には相手が自立に向かえるよう、徐々に働きかけを減らして距離を離していきます。

　相手に対して多職種チームでかかわる際にも同様に、それぞれの専門領域による役割分担に加え、このチームのなかで自分がどのポジションが適任かを考えます。チームの流れが悪い場合は自分が率先して動き、チームが安定した時期には、やや俯瞰して全体を調整するよう動きます。進捗状況によっては役割を変え、変幻自在に調整を重ねながら目標の達成を目指していきます。

　私が目指しているのは、流れる水のように、低い位置で断続的に、静かに力強く行うことです。重たい歯車が回るような潤滑油のイメージで。なかなか難しいですが、日々精進です。

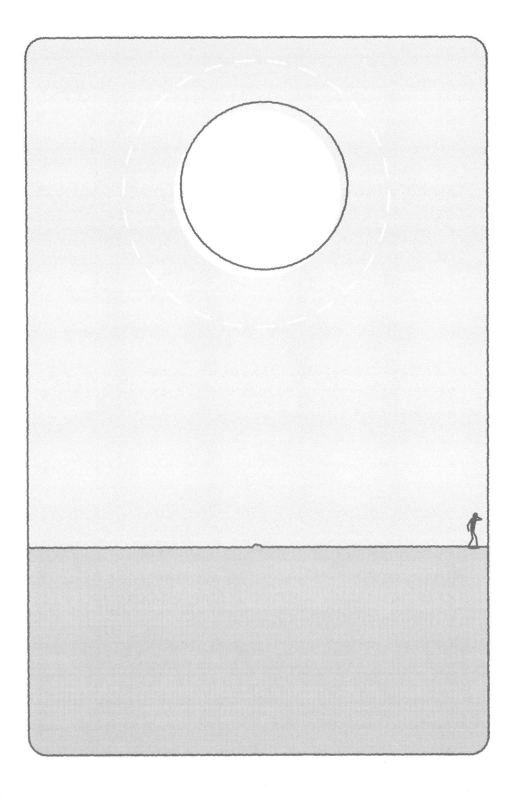

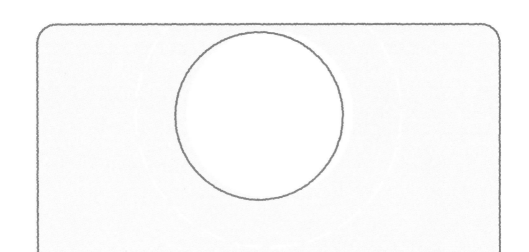

7
苦手を感じず
相手とかかわる作法

世の中には、いろいろな人がいて考え方がさまざまです。私たちがかかわるすべての人と、心地よい関係が築けるなんてことはありません。誰もが、少し苦手だなと思うような人ともかかわる場面があるはずです。ところが、この苦手意識が対人援助に紛れ込むと、相手に向き合うのが難しくなります。人を援助したり手助けしたりするときに、苦手意識を感じずに向き合うコツがあります。ここでは、人とかかわるときの苦手を少しでも軽くするための作法を手ほどきします。

1　苦手と感じる場面は？

　私たちは日々、いろいろな人とかかわりながら生活をしています。例えば、家族や友人、職場の上司や同僚、仕事でかかわるお客様などさまざまです。人は、それぞれ育ってきた環境や出会ってきた人々、獲得した経験が異なるので、物事の考え方やとらえ方などは人それぞれです。

　今まで自分が経験したことがないことや先が見えないことに対して、人は特に不安を抱きやすく、スムーズに受け入れにくい傾向があります。例えば、コミュニケーションのなかで、自分と違う言語で話しかけられたら、戸惑うことがあるのではないでしょうか。街中で、英語が得意ではない自分が、突然外国人に英語で道を尋ねられたとしましょう。思わず「No English！」と、コミュニケーションをとることをシャットアウトしてしまいたくなりませんか？

　言語の問題だけではなく、人とのやりとりのなかで次のような場面はありませんか？　あなたは、職場の同僚から「仕事がうまくいかない。どうしたらいいだろう」と相談を受けました。あなたは、同僚の話を丁寧に聴いて、こうしてみたらどうだろうとアドバイスをしました。しかし、長い話に付き合ったにもかかわらず、同僚の悩みは解決しませんでした。そして、後日また同じ相談を受けました。あなたが

話を聴いたことで、同僚は気持ちがスッキリしたのかもしれませんが、あなたは「また、あの話かぁ。どうせ解決する気はないのでは？」と話を聴きたくないという思いがわいてくるのではないでしょうか。

　では、次の場面を想像してください。友人から「恋人との関係について相談したい」と聞いていたあなたは、「きっと深刻な話なのだろう。自分は何て声をかけてあげたらいいのだろう」と心構えをして友人と会いました。ところが、友人は恋人の話はさておき、「あそこのランチ美味しかった」とか「最近こんなことを始めたんだけど……」と全く関係ない話をしてきました。「友人が元気ならいいんだけど……」と思うあなたですが、一方で、「そもそも何で私を呼んだのか、何が言いたかったのかわからない」と心の中でモヤモヤを感じることになりはしないでしょうか。

　これらは日常のやりとりの一部ですが、誰かとやりとりをしていて、「もう聴きたくないな」とか「苦手だな」と感じる場面はしばしばあるのではないかと思います。

　こんな話がありました。

　AさんとB相談員がいました。B相談員は、最近Aさんの担当に

なりました。Ａさんは両親と三人暮らしでした。Ａさんはしょっちゅう母親とケンカをして、早く今の家を出て自立したいという気持ちをもっています。Ｂ相談員もＡさんの自立したいという気持ちを尊重して、何とかしてあげたいという強い思いがありました。

　Ａさんは母親とケンカをするごとに、Ｂ相談員に電話をしてケンカの内容を延々と話します。Ｂ相談員は、Ａさんの話をしっかり受け止めないといけないと思い、Ａさんが電話をかけてくると、他の仕事がどんなに忙しくても、Ａさんの気持ちが落ち着くまで話を聴くのでした。Ａさんも B相談員がいつでも話を聴いてくれるので、ケンカの話以外でも困りごとがあると何でも B相談員に電話をかけるようになりました。

　Ａさんの電話対応を続けていると、Ｂ相談員は他の仕事が回らなくなってきました。Ｂ相談員は毎回対応するごとに、「同じ話が続き、先に進まない。拘束時間が長くなる」と感じ、焦りと疲れが出てきました。そのうち、Ｂ相談員はＡさんの電話に出たくない、会いたくないという気持ちが強くなりました。Ａさんの話を聴くとイライラするようになったり、電話がかかってきても居留守を使うなどの対応をするようになりました。すると、Ａさんも B相談員が今まで通り対応をしてくれなくなったことに不満を感じるようになりました。

　あなたは、Ｂ相談員のような状況に陥ったことはありませんか。できれば相手と顔を合わせたくない、話が長くなりそうだからかかわりたくない、苦手だなと思ってしまったことはないでしょうか。対人援助の仕事についていなくても、こうしたことは身の回りでしばしば起こります。

2 苦手を感じるこころのしくみ

　さて、先ほどのＡさんとＢ相談員ですが、一体何が起こったのでしょ

うか。

　まず、B相談員は「Aさんを何とかしてあげたい」「Aさんの話をしっかり受け止めなければならない」という思いをもっています。一見すると、B相談員の態度は仕事熱心で、立派な態度ととらえることができます。ですが、実はこの思いが強すぎてしまうと、相手に苦手を感じる悪循環に陥ってしまうことがあるのです。援助者が相手に苦手を感じる悪循環に陥りやすい特徴として、次のようなものがあります。

表4　相手に苦手を感じる悪循環に陥りやすい援助者の特徴

☐ 相手がすべきことまで、代わりにやってあげようとする。
☐ 相手のできていることやよいところをみつけにくい。
☐ 相手の期待にどこまでも応えてあげようとする。
☐ 自分の力だけで、何とか相手を助け出そうとする。
☐ 相手からお願いされると、嫌と言えず何でも引き受けてしまう。
☐ 相手から好かれたいと思い、どんなときも感じよくふるまおうとする。
☐ 相手を失望させるくらいなら、自分が無理をするほうがいい。
☐ 相手がうまくいかないのは、自分の責任だと思ってしまう。
☐ 困っている人は、常に誰かの助けを必要としていると考える。
☐ 相手との関係は、絶対に崩してはいけない。

出典　竹田伸也『対人援助職に効くストレスマネジメント―ちょっとしたコツでココロを軽くする10のヒント―』中央法規出版、2014年、p.99を一部改変

　B相談員はAさんからの電話があると、Aさんが落ち着くまで母親とのケンカの話を聴いています。ここでのB相談員の態度は、相手の要望にいつまでも応えようとしています。すると、AさんはB相談員がいつも対応してくれるので、ますますかかわりを求めるようになりました。B相談員としては、Aさんが望むようにかかわることが、Aさんにとってよいことだと思っているかもしれません。ですが、こちらが相手のためだと思ってかかわることが、相手に必要以上にかかわ

りすぎてしまっていることもあるのです。本来は、相手が自分で解決できていた問題に援助者がかかわることで、相手がもとからもっていた対処能力を奪ってしまいます。また、自分で解決せずに援助者に何とかしてもらおうとする気持ちを高めてしまうこともあるのです。

「援助者が必要以上にかかわる」→「相手がさらにかかわりを求める」→「援助者が必要以上にかかわる」という悪循環を繰り返していくと、援助者も「相手に時間をとられてしまう」「相手の要求が多くて振り回されている」と感じるようになります。すると、相手にかかわりたくないという苦手意識が生まれ、最後には相手を避けるなど、支援ができなくなってしまうこともあります。

相手は、今までのように援助者がかかわってくれなくなったことに対して不満を抱くことになります。これではお互いの関係性が崩れてしまいますね。

3 苦手意識は克服できる！

AさんとB相談員の間で生じたような悪循環に陥ってしまうことは、多かれ少なかれ誰もが経験したことがあると思います。

千差万別の価値観をもち、その時々に抱く感情にも左右されてしまう私たちにとって、相手に苦手意識を感じてしまうのは避けられないことかもしれません。ただ、苦手意識をもつことは、対人援助の場面においては、援助を展開するうえでの妨げとなってしまいます。

「自分に能力がないせいで、うまく対応できなかった」と自分を責めたり、「相手の要求が無茶なんだ」と相手のせいにしたりする。このように感じるようになってきたら、相手との関係のバランスが崩れ始めているサインかもしれません。そんな自分に気づいたら、いったん自分をリセットして相手との関係を見直す絶好のチャンスです。

あなたが苦手意識を感じることなく、相手も自分も大切にして、よ

い関係を築きながら、息切れせずに支援を続けるためのコツをお伝えしていきます。

1 息切れしてきたと感じたら「そもそも」に立ち戻る！

　先ほどのAさんとB相談員のやりとりを思い出してみましょう。B相談員が、しょっちゅうかけてくるAさんの電話に、他の仕事が回らなくなるくらいまで対応し続け、ついには電話に出ることがつらくなるという事態に陥ってしまいました。電話を頻回にかけることは、Aさんにとって果たしてよいことだったのでしょうか？

　B相談員も、最初はAさんの自立を応援したいという強い思いをもっていました。B相談員のこの思い自体は、いけないものではないのです。B相談員が相手の話を一生懸命聞いて真摯に対応しようとしているその姿勢は、B相談員が相手に対してどんな支援を届けたいと思っているのかを表しています。いわば、B相談員が対人援助を行ううえでの価値観といえるでしょう。誰もその価値観を、「よい」「悪い」で評価できるものではありません。

　ただ、==相手にかかわる態度を間違えてしまうと、自分自身でも「私は何のためにAさんの支援をしているのか」を見失ってしまうことがあります。==

　例えば、「理想の彼女を見つけて、その彼女と幸せな家庭を築きたいなあ……」と願ったとします。そして、「理想の彼女と出会うためには、カッコいい車を手に入れなければ！」と思い、車を買うために友達の誘いも断って、ひたすらお金を貯めるために一生懸命働きました。その結果、ついに念願のカッコいい車を手に入れました。ただ、そのときすっかり仕事人間になっていたその人は、女性と出会う機会すらもっていなかった自分に気づき、「あれ？　オレって、そもそも何のためにカッコいい車が欲しかったんだっけ？」と振り返ることになります。そもそも車につられて自分を好きになってくれるような彼

女と、果たして幸せになれるのだろうか……。

　少し極端な例だったかもしれませんが、何のためにという目的を置き去りにして、かかわる態度を間違えてしまうと、そもそもあなたが相手に届けたいと思っていたことと、いつの間にかかけ離れてしまうことになります。これは、実は相手にとっても同じことが言えるのです。つまり、「そもそも自分は何を相談して解決したかったのか？」を見失うことになるのです。やはり、お互いにとってよい結果になりませんね。

　ですので、相手への援助に息切れを感じている自分に気づいたら、もう一度、「私は何のために相手の支援をしているのか」「相手がどのような姿になることが望ましいのか」に立ち戻ってみるといいと思います。できれば、相手とも一緒に「そもそも何を目指していきたいのか」を共有し、振り返ってみてもよいでしょう。

2　抱え込みや孤立感を防ぐ「魔法の言葉」

　相手に苦手意識を感じてしまうもう一つの要因に、自分が本来行うべき範疇を超えて相手にかかわってしまうことで生じる苦手意識があります。これは、到底自分だけではできそうにないことなのに、自分が何とかしなければならないと思い込んでしまったときに感じる「誰も助けてくれない」とか、「自分の支援の仕方が悪いからうまくいかないんだ」という孤立感や自責の念です。こういう状況は、考えるだけで逃げ出したくなります。

　ただし、そもそもあなたの思い込みなのですから、一人で抱え込んで責任感を感じなくてもいいのです。

　相手や相手を取り巻く人たちと協力し合い、一緒に問題を解決していくためのとっておきの魔法の言葉があります。

　それは、「皆さん、どうしましょう？」です。何か問題が起きているときに「困るからどうにかして！」「そんなこと言われたって、こっちだって困るよ!!」というやりとりだと対立関係が生じてしまいます

　よね。解決したいという思いはあるのですから、「どうにかして！」から「どうしましょう？」に変えると、問題を「対立」ではなく「共有」に導くことができ、助け合えるよい関係が築きやすくなります。

　それぞれに自分の役割や持ち場がありますし、誰がやっても、どうにもならないことは世の中にはたくさんあります。これは、問題を放置してあきらめるという意味ではありません。相手や相手を取り巻く人たちが、お互いの役割を尊重し合い、問題を「共有」していくことで、問題を抱えながらも「一緒に頑張っていこうね」という温かいセーフティーネットのようなものができていきます。そうするとどうでしょう？「誰も助けてくれない」「私はひとりぼっち」という孤独感から解放されてくると思いませんか？　このときに感じる「ゆとり」や「連帯感」こそが、相手も自分も大切にしながら、息切れせずに支援を続ける大切な力となるのです。

3　焦りは禁物！　目の前の問題はコンパクトに

　目の前にいる相手や物事に対して、「これは困難事例だ。自分には解決できそうにない」と思っていて、問題解決に近づけるでしょうか？

残念ながら解決の糸口は見えてきませんよね。そして、それを自分の支援能力のなさだと思い込んでしまうと、ますますそのケースに苦手意識をもってしまい、離れたくなるという悪循環にまっしぐらです。

　相手から悲痛な声で「どうにかしてください。私はもうダメです」なんて言われたら、皆さんはどんな気持ちになりますか？

　もしかしたら、「早く何とかしなければ、大変なことになる！」と問題を一気に解決しなければならないような気持ちになるかもしれませんね。これは、援助がうまく回らなくなるトラップです。「溺れる者は藁をもつかむ」ということわざがありますが、問題の渦中にいる人は、何とかしてこの状況から逃れたい、救われたいと必死です。そのとき、あなたが一緒に焦ってしまうと、お互いに溺れてしまうという好ましくない結果になってしまいます。私たちがとるべき最善の態度は焦らないことなのです。「焦らないで」と言われても、状況によっては内心焦ることもあります。ですので、あたかも「焦っていない」ように振る舞ってみてください。具体的には、「あいづちや話すペースをゆっくりにする」「立ったまま話さないで、座っていただくように勧める」などです。そうすると、不思議と行動に伴って心も落ち着いてきます。私たちが落ち着いた態度で接することで、相手も多少なりとも落ち着いてくださることが多いです。

　そしてそのうえで、相手の気持ちに寄り添う作法を用いて相手に寄り添い、さらに相手の理解を深める質問をして問題を整理し、問題の優先順位をつけ、これから解決する問題と目標（ゴール）を相手と共有します。共有することで相手と同じ土俵に立ち、問題の解決や目標達成に進んでいくことができるのです。

　もう一つ、B相談員がはまってしまったトラップがありました。Aさんの「自立」というのは、とても漠然とした話題です。「自立」といっても、親から離れて一人で暮らすことなのか、経済面で親に依存せずに生活していくことなのか、困ったことがあってもできるだけ自分で解決するということなのか、さまざまです。「目の前の壁は高いほう

がいい！」という人もたまにいますが、あまりにも大きすぎる問題や漠然とした目標だと、「自分にはこの問題は解決できない」「この目標は達成できない」と怖気づいてしまいます。ですので、自分が解決できる、達成できるコンパクトな大きさにしていく必要があります。

　具体的には、「自立」という漠然とした目標をAさんの言葉で言い表せるように一緒に紙に書き出してみます（「紙に書く」というのは案外大事なポイントです。紙に書くことで、物事を客観的に眺め、より具体的にイメージすることができるようになります。ご自分でもやってみてください）。Aさんにとっての自立とは、もしかしたら、"母親と離れて暮らす"ということではないことがわかるかもしれません。次のステップは、「これならできる」という比較的簡単に達成できる目標にしていきます。達成したかどうかが判断できるように具体的な目標を立てるとよいでしょう。

4 苦手を克服するための枠組みづくり

　B相談員の「抱え込み」や「焦り」は、目の前の支援に一生懸命になると、誰もが経験してしまう落とし穴かもしれません。こうした落とし穴にはまってしまった結果、相手に苦手を感じ始めたとしても、まだこじれてはいません。

　支援に疲れを感じたり、いつも支援が空回りしてしまうと感じたりしているあなたには、まず相手との関係に「枠組み」を作ることをお勧めします。「枠組み」という言葉が聞き慣れない場合は、「ルール」と置き換えてみてください。

　「枠組み（ルール）」と聞くと、何だか堅苦しい感じがしますよね。しかも援助する相手を堅苦しい枠に当てはめるなんて抵抗を感じてしまうという人も少なくないと思います。相手との関係に「枠組み（ルール）」を作るとはどういうことなのか、少しイメージしてみましょう。

　まず、「鬼ごっこ」や「かくれんぼ」といった馴染みのある遊びを例に考えてみましょう。もしも、この遊びにルールがなかったら……と想像してみてください。どこまでも逃げていける「鬼ごっこ」、まったく見つからない「かくれんぼ」。こんなことになったら、逃げる側も鬼になった側も疲れ果てて、せっかくの遊びが楽しめないと思いませんか？

　遊びやゲームでは、一定の枠組み（ルール）が存在することで安心して楽しむことができるのです。先の例でいうと、逃げたり、隠れたりすることのできる範囲（場所）や時間などが枠組み（ルール）にあたります。これは、援助をする相手との関係についても同じことが言えます。

　相手とかかわる際に、<u>一定の枠組み（ルール）があることによって、援助される側も援助する側も安心して問題に取り組んでいくことができます</u>。

1　枠組みづくりのポイント

❶ 環境の枠組み

　環境の枠組みとは、「時間、空間、頻度」など、相手とかかわるうえでの相談環境に対する枠組みのことをいいます。

　話を聞く時間、話を聞くときの場所、話を聞く頻度（回数）などがこれにあたります。

　特に相談業務については、枠組みが明確であることが望ましいです。わかりやすい例でいうと、法律相談などの広告では、一回あたりの面接時間や料金設定を明確にうたっています。こうした情報があると、どのくらいの時間相談することができるのか、そのために必要なものは何かなど、あらかじめ準備をしておくことができます。

　このように、ある一定の枠組みをもっておき、それを共有したうえで相談に乗ることは、お互いにきちんと準備ができるという点で相談の質や効果を高めます。

　また、悩みを抱えたり心が疲れている人への対応では、枠組みが曖昧なことで相手が混乱してしまうことも少なくありません。「いつまで話し続ければよいのか」「この悩みはいつになったら解決できるのか」など、先の見通しが立たないことにより、さらに不安が高まってしまうということもあります。

①時間を設定する

　相談を受けたとき、話を終わらせることがなかなかできず、何時間も話を聞き続け疲れ切ってしまったり、長い時間話をした割には納得感が得られなかったりすることがあります。これは、「時間」の枠組みが曖昧なために起こってしまうのです。

　定期的に相談面接をする必要がある場合は、1回あたりの相談時間を設定しておくことが望ましいでしょう。時間設定をする場合は、なるべく1時間以内とすることで、疲れず集中して話し合うことができます。

　急な相談で時間が長引いてしまいそうな場合などは、その場で無理に解決策を導き出そうとしないことです。可能であれば継続して相談を受けることを提案し、今後の見通しや方向性（問題を解決するため

に継続して相談に乗る体制を整えるといったこと）などを伝えて次につなげていくことも必要です。長時間にわたる相談によりお互いに疲労感だけが残ったということにならないように、時間の枠組みを活用しましょう。

②場所を決めておく

　職業にもよりますが、相談業務に携わっている人の多くは、職場の相談室であったり、家庭訪問で相手の自宅で面接をするというような場合が多いと思います。場所の枠組みをつくるのは、「ここは安心して話ができる空間である」という保障の意味があります。決められた場所で相談を受けることで秘密が守られる、時間をとってじっくりと話を聞くことができると保障することは、安心感につながります。

　場所の枠組みについて、もう1つ大切なことがあります。相談を通じて関係が深まってくると、相手にまるで友人や家族のようにプライベートな空間でも話がしたい（カフェでお茶をするとか、自宅でくつろぎながら話を聞いてほしい等）という感情がわいてくる場合があります。このような枠を超えたかかわりをしてしまうと、援助者と相手との間で適切な心の距離が保てなくなり、結果的に相手の要求にどこまでも応えなければならなくなります。

　相談を受ける場所を決めておくと、こうした相手の過度な要望にも適切に対応することができます。

③頻度を決めておく

　毎日のように相談の電話をしてきたり、窓口を訪ねてくる相談者に困ってしまう……という人もいるかもしれません。相談を受ける時間や場所を設定したとしても、このように頻回に訪れてくる相手に対応するときは苦手を感じずにはいられません。

　相談を受ける頻度を設定しておくことは、今後の見通し（いつ相談に乗ってもらえるのか）を相手に伝えることができるので、不安などからくる頻回の相談を抑えることができるというメリットがあります。

　「月（週）に〇回は時間を取って相談を受けることができる」とい

う枠組みを明確にしておくことで、相談を受ける側にも心の余裕ができ、質の高い相談につながります。可能であれば曜日や日にち、時間まで設定しておくと自分自身の予定も立てやすく、相談に集中することができます。

　以上のように物理的な枠組みは、明確に設定しやすく、お互いに共有しやすいという利点があります。しかし一方で、時間や場所、頻度の枠組みだけ設定しても、そこで扱う相談の中身がしっかりしていなければ、ただの「枠」になってしまいます。特に相談面接の場合は物理的な枠組みをしっかりと機能させるために、次にお伝えする「内容の枠組み」をおさえておく必要があります。

❷ 内容の枠組み

　内容の枠組みは、「その時間話し合う内容（話題）」について、面接のはじめに決めておくというものです。「今日は、○○のことについて話し合う」という内容をあらかじめ設定しておけば、話の焦点が定まらなかったり、何を話せばよいのかわからなくなることも少なくなります。==限りある時間を有効に活用するために、「話題」を決めておくことはとても重要==です。

　「話題」の設定の仕方は、基本的には相手に決めてもらうことが望ましいのですが、相手が混乱していて何を話し合えばよいのか決められないということもあります。その場合に備えて、あなた自身が面接のなかで話し合う必要があると思ったことについて提案をしていく場合もあります。話題を決めるときのポイントについて、起こりがちな例をもとに具体的に見ていきましょう。

①問題が大きすぎて話題が決められない

　これは「すぐに解決しなければ」という焦りによって、視野が狭まってしまうことが要因の1つです。視野が狭まると問題がより大きく感じられます。このような場合は、相手の気持ちに寄り添う作法と、相手に質問するときの作法を用いて、相手の問題を少しずつまとめてい

きましょう。問題を絞るという作業も、大切な「話題」の1つです。

② 時間内に話が終わらない

　話題を決めるときに意識しておきたいのは、時間内に収まるように工夫をすることです。面接のなかでは、あれもこれも話したいという気持ちが高まって、話題が絞り切れないこともあります。気になることがたくさんあったとしても、そのなかでも最も話しておきたい内容について、相手と一緒に絞り、その話題に集中するようにしましょう。限られた時間を有効に使うためには、1回1回の面接のなかで納得感や満足感といった「今日話をしてよかった」というある種の達成感を感じながら前に進んでいくことが大切です。

③ 話題を決めて話し合いをしたのになぜかすっきりしない

　話題を決めるときに、お互いに「今日はどんな話をするか」を共有することができていて、その内容に相手が話したかったことがきちんと含まれていたかどうかを振り返ってみましょう。話し合いのなかで、ほかに重要そうだと思われる内容が出てきた場合は、柔軟に対応することも必要です。途中で話題を変える必要がある場合にも、相手ときちんと話し合って決めましょう。

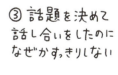

① 問題が多すぎて話題が決められない
② 時間内に話が終わらない
③ 話題を決めて話し合いをしたのになぜかすっきりしない

また、せっかく話題を決めて話し合いを始めても、話題が漠然としていると面接全体がぼやけた感じになってしまいます。話題はできるだけ具体的に表す、解決できそうな話題から取り扱うなど工夫してみましょう。

❸ 枠組みは相手と一緒に作ること

　最後に、枠組みを作るときの注意点を伝えます。まず、相手とのかかわりのなかで枠組みを作るときは、必ず相手と共有したうえで枠組みを活用するということです。この過程がなければ、相手は「自分の話が聴きたくないので、ルールを勝手に作るのだ」と誤解してしまうおそれもあるからです。

　相手と枠組みを決めていくときに、相手に抵抗が見られた場合には、枠を作ることの意味や必要性（支援をよりよいものにしていくために必要であること）をきちんと伝えると了解を得られやすくなります。

　また、あなた自身が枠組みに対して抵抗を感じているとすれば、せっかく作った枠を自ら壊してしまう可能性もあります。これでは何の意味もありません。まずはあなたが枠組みの意味や必要性を理解してお

かなければ、相手にうまく伝えることが難しくなるでしょう。

　繰り返しますが、相手とのかかわりのなかで、難しいと感じる要因は、「自分が何とかしなければ」と援助者が必要以上に問題を抱え込んでしまうことにあります。相手の問題を必要以上にあなたが抱え込まないようにするためには、相手とのかかわりのなかで一定の枠組みを作り、自分の役割と相手の役割を見極めることが必要です。こうすることで、あなたの心に余裕が生まれると、相手の問題を整理して解決に向けた筋道を立てていくことができるようになるでしょう。

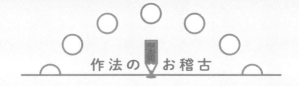

苦手を克服！　枠組みづくり
［事例］
　Aさんはケンカをするごとに、B相談員に電話をして母親とのケンカの内容を延々話します。B相談員は、「Aさんの話をしっかり受け止めたい」という思いがあり、Aさんが電話をかけてくると、他の仕事がどんなに忙しくても、Aさんの気持ちが落ち着くまで話を聴いているのでした。AさんもB相談員がいつでも話を聴いてくれるので、しょっちゅうB相談員に電話をかけました。Aさんには自立したいという目標もあるので、B相談員はその話もしないといけないと思っています。Aさんは、母親とのケンカについてワーッと一方的に話します。ケンカの話は解決しない、自立の話は進まない。

　そのうち、B相談員はAさんの電話に出たくないと思うようになりました。しかし、相談員として何とかAさんをサポートしたいという思いもあり、Aさんから電話があると、毎回自立についての話題を出して、「これからどうしていきたいですか？」「どんなところに住みたいですか？」と聞き、少しでも話を進めようとするのでした。Aさんは自立を望んではいたのですが、母親とのケンカの話を聴いてほしかったのに、いきなりその話が出て戸惑いました。そして、だんだん「B相談員は自分の話を聴いてくれない」という感情を抱き始めました。

あなたが事例のB相談員だとすると、どのような枠組みを活用しますか？　環境の枠組み、内容の枠組みについて、まず現状を整理してみましょう。そして、新たにどのような枠組みを作ればよいか、考えてみてください。

● 環境の枠組み

枠組み	現状	必要な枠組み
時間		
場所		
頻度		

● 内容の枠組み

現状	必要な枠組み

[解答例]

● 環境の枠組み

枠組み	現状	必要な枠組み
時間	Aさんが落ち着くまで話を聴いていた。	対応できる時間を決めて相談にのる。
場所	職場において、電話対応していた。	できる限り来所してもらい話を聴く。
頻度	Aさんから電話がある度に、他の仕事の手を止めて対応していた。	週に1度など、相談にのるための頻度をあらかじめ設定する。

● 内容の枠組み

現状	必要な枠組み
Aさんが、母親とのケンカの内容について一方的にワーッと話すのを、ひたすら聞いていた。「これからどうしていきたいのか」「どんなところに住みたいのか」と、自立についての話題を出すが、話が進まなかった。	面接に入る前に、話したい内容をAさんに確認する。また、相談員として、話しておいたほうがよい話題も提案し、お互いの了解のもと、時間内に収まるように「本日の話題」を決めてから面接を始める。

　B相談員は、Aさんが抱えている問題にしっかりと向き合って解決していくために、きちんと支援をしたいという思いを伝え、そのために話に集中できるよう環境を整えたいということを伝えました。
　まず、電話だけでなく、なるべく来所してもらい相談を受けることを提案しました［**場所の枠組み**］。そして、1回の相談時間を50分と決め［**時間の枠組み**］、問題を整理するためにまずは1週間に1回という頻度を決めて［**頻度の枠組み**］、相談を受けることにし

ました。

　また、相談面接の進め方について、毎回テーマを決めてそのことを中心に話をしていくことにしました。その日に話したいことについてＡさんの希望を聞き、Ｂ相談員もＡさんの問題を解決していくために必要だと思うテーマについて提案をし、二人で何を話すかを決めてから面接に入るようにしました［**内容の枠組み**］。

　このように、枠組みを設定することによって、Ａさんの抱えている問題が少しずつ見えてきました。Ａさんは、過度に干渉してくる母親に対して、つい反抗的な態度をとってしまい、母とのケンカが始まってしまいます。その度に家を出て自立したいと考えるのですが、一人暮らしをするためのお金や生活スキルについては不安を感じており、踏み切ることができません。

　Ａさんは「居心地の悪い家から逃げ出したい」という意味での自立を訴えていたのに対して、Ｂ相談員は「自立をしたい」という言葉にだけ焦点を当てて話を進めていこうとしていたことに気がつきました。

　枠組みのない相談を続けると、問題の本質が見えず、ただ相手の要求に対応し続けるという構図ができてしまいます。そうすることによって、少しずつお互いのコミュニケーションにズレが生じ、Ｂ相談員のように相手に対する苦手意識が生まれてきてしまいます。

　問題の本質に向き合うために「枠組み」をうまく活用し、協力して問題を解決していくことで、相手の力を引き出すことができます。お互いに達成感を味わえる援助を実践するために、この章で紹介した枠組みを活用してみてください。

逆境に負けないココロ

「**ど**」んなときでも動じない強い心でありたい」と願う人は多いのではないでしょうか。

私たちは日々、さまざまな試練や課題をこなしながら生活をしています。職場では与えられたノルマを達成することや、困難な課題の解決を求められます。また家庭では、家事や育児、介護など家人としての役割をこなしています。

こんな忙しい毎日のなかで、思うようにならないことに遭遇したり、強いプレッシャーを受けたりすると、たちまち心が折れそうになってしまいますよね。

「**と**」ころが、**第8章**に登場する「対応困難ケースをものともしない人」のように、周りから見ると、どんなに窮地に立たされていても常に前を向いていられる人もいます。

例えば、有名な発明家のトーマス・エジソンは、白熱電灯を発明したとき、1万回以上の失敗をしたにもかかわらず「あれは失敗ではなく、うまくいかない方法を1万回発見しただけだ」と言いました。究極の前向き発言ですね。天才的な発明の背景には、すさまじい努力が隠されており、その努力を可能にしたのはまさに**逆境に負けないココロ**」だったのです。

多くの人は、「生まれつきの性格や能力が違うから仕方ない」と思うかもしれません。もちろん、生まれもった特徴や気質は人によって異なります。しかし、私たちの「ココロ」を生み出しているのは、生まれつきの要因によるものだけではないのです。

「**人**」はもともと、どんな逆境であっても前に進んでいこうとする資質をもっているといわれています。そんな資質をもっているにもかかわらず、ストレスとなる出来事に遭遇すると不安や恐怖、悲しみのために後ろ向きになってしまいます。これは、人に備わっている一種の防衛機能です。恐怖や不安の感情は、危機的な状況において私

たちの身を守るために大きな影響力をもっています。心地よい出来事よりも、恐怖や不安のほうが記憶に残りやすいのもこのためです。

こんな話を聞くと「やっぱり、逆境に負けないココロをもつなんて、自分には無理なんじゃ?!」と思った方もいるかもしれません。でも、大丈夫。このコラムを読んでいるあなたは、これまでに悲しいことやつらいことがあったとき、落ち込んだり投げやりになったりしたことがあるでしょう。それでも今、この本を手に取って前向きに人生に取り組もうとしていますよね。実は、この行動こそが「逆境に負けないココロ」を作るためのヒントなのです。

前向きに考えることがよいと言っても「考えているだけでよいことが起こる」というのは、いくら何でも虫がよすぎます。大切なのは「前向きな行動を起こす」ということです。

行動は大きなことから小さなことまでさまざまなので、決して難しくはありません。最もお勧めなのは、日常生活のなかで嫌な気分（不安、怒り、落ち込みなど）を1つ感じる度に、心地よい気分（楽しい、うれしい、感謝など）になったことを3つ探すことです。なかでも「ありがとう」という感謝の気持ちは、いろいろな場面で探しやすいかもしれませんね。

私たちは生きている限り、つらい体験から逃れることはできません。しかし、つらい体験を通して後ろ向きな気持ちになったとしても、それ以上の前向きな気持ちを経験できれば、今よりももっと豊かな人生が送れるはずです。必要なのはつらい気持ちを抑え込む力ではなく、つらい気持ちと快い気持ちとのバランスをうまく取る力です。幅広い感情をしっかり味わうことこそが強さにつながります。

逆境のなかでも前に進んでいくという、私たちがもっている本来の力を引き出すために、自ら行動を起こして「逆境に負けないココロ」を育てていきたいですね。

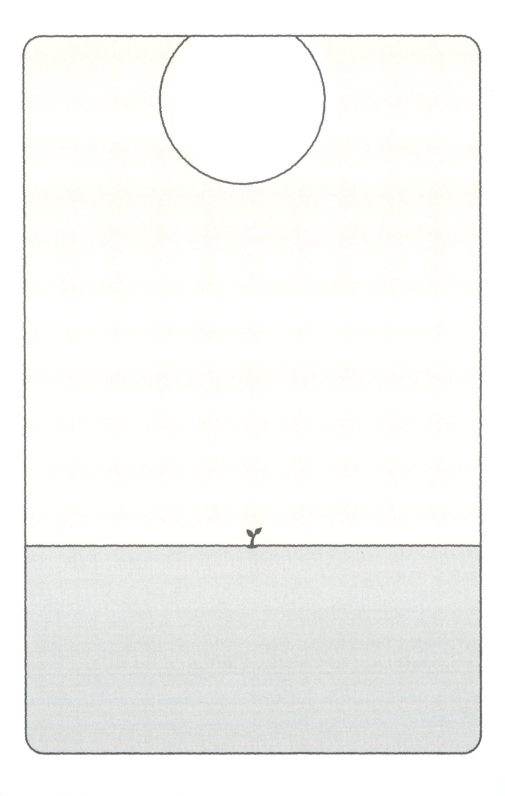

8
対応が困難に思える人への作法

あなたは「対応が困難に思える人」と聞いて、どのような人を思い浮かべますか？　先輩や同僚から聞いた経験談や、これまでの経験から思い浮かべる相手の顔でしょうか。また、現在対応中で、その人が夢に出てきそうなくらい大きなストレスを感じている方もいるかもしれません。ここでは、「対応が困難に思える人」との付き合い方で、そもそも相手の何を困難に感じるかを説明します。また、ストレスをものともしない人を例に挙げ、日頃より強くてしなやかな思考や態度を備えられる作法を手ほどきします。

1 対応が困難に思えるワケ

　私たちは対応が困難に思える人のことを「困難事例」と呼ぶことがあります。実はこの「困難事例」には定義がありません。ということは、人によって困難事例の解釈が違うということです。困難だと感じた「誰か」が定まっていないとすれば、それは相手ではなく私たち援助者側が作り出したものといえます。困難に感じる原因について考えてみましょう。

1　相手を理解できないから「困難」

　第3章で挙げましたが、その人を理解しようとするとき自分の価値観というフィルターは厄介なことに簡単には取り外せないものです。
　もし「病気」や「障害」というフィルターで、相手を見るとどうでしょうか。例えば、「あの人は発達障害だからコミュニケーションは難しい」と、すべて病気と障害が原因だと判断してしまうと、その人の抱えている本当の問題に気づくことができません。その結果、有効な解決方法にたどり着けず、打つ手がなくなってしまいます。解決できないからそこで終わりを告げることは、私たちが支援を放棄したということになるのです。

しかし、本人さえも気づいていない潜在している能力があるという考えは**第6章**で学びました。つまり、私たちは「病気」「障害」というフィルターを通して相手のすべてを知ろうとすれば、相手のなかに潜んでいる力を見逃してしまう可能性があるのです。ですから、「病気」「障害」にのみとらわれることなく、相手のもっている潜在的な力に注目することで、援助方針を見いだすことが困難に感じることは今よりもずっと少なくなるはずです。

2　援助者が設定した目標を達成できないから「困難」

例えば、相手と一緒に「作業所に通うこと」を目標に挙げたとします。そのとき援助者は、「仕事だから1日7時間働く（ものだ）」と考えていました。そして、毎日9時から通うことを相手に勧めました。ところが、相手は仕事に就いていないブランクがあり、さらに不安が強かったとしたら、その目標を達成することがとても困難に思えるでしょう。しかし、相手が消極的であれば、私たちは相手を「意欲がない人」と決めつけてしまい、「何をするにも意欲がみられない困難なケース」というレッテルを貼りがちです。正しい考えを相手に求めるのではなく、どんな生活を望んでいるかをしっかり把握することが重要です。援助者は自分の考える目標を相手に押しつけていないか、目標設定のプロセスを振り返る必要があります。

3　職務の範疇を超えた要求を受けているから「困難」

あなたの仕事の範疇はどこまででしょうか。相手の要求が多岐にわたり、自分の職務権限を超えたものであることを意識する場面は多く見られます。

援助者は皆、相手によくしてあげようという善意で行動される方が多いようです。それは相手が社会的弱者であることを認識されている

からだと思いますが、そのような行動が相手の「できる力」まで奪ってはいないでしょうか。

　ぜひあなたの仕事や立場のなかで、どうやったら何が支援できるかじっくり考えてみてください。できないことについては、相手に丁寧に正直に説明してください。諸事情により援助者一人で支援を担う場合は、組織内外問わず支援者に相談や応援を頼んでみてください。援助者が手伝いすぎて相手自身の力を奪わないように、少しでも相手の力や強みを活かした支援内容につなげてみてください。

4　地域や関係者が過度に期待されているから「困難」

　病気や障害のある方が一人で暮らしていると、舞台である地域で不協和音が生じることがあります。地域のまとめ役である自治会長や民生委員も、本人のことで住民からの度重なる苦情に追われて、ふと思います。「本人にいくら言っても聞かないなら、専門家に解決を任せよう」と。

相手の行動について援助者が全責任を負うことは、援助者の負担が大きいのと、問題解決の責任も援助者が負うことになるので、援助者と本人の間に、複雑な関係性が生まれてしまいます。

　もちろん受容的姿勢は大切ですが、私たち援助者は、相手が現状からどうなりたいと思っているのかを明らかにしなければなりません。そしてこの「これからどうなりたいか」は援助者が決めるのではなく、当の本人が決めることになります。一見当たり前ですが、現場で困っているケースのなかに、相手の「これからどうなりたいか」を援助者が決めていることがあるのです。

　地域の関係者や援助者同士もよい関係で付き合いながら、本人中心の支援ができるように、手を離さず対応することができると、その地域の「多職種連携の輪」が広がっていきます。

5　相性がよくないから「困難」

　もし援助者が相性を理由にすると、「専門性に欠けている」と非難されそうですが、実際にはあるように思います。例えば、性別や年齢、経験の有無などです。また、相手の今までの人生のなかで、深く傷ついた経験を連想させる人物と援助者が重なる場合もあります。

　支援で行き詰まったときに「私以外の援助者なら、相手にもっとよい支援ができるのではないか」と誰かに任せたい気持ちにかられる経験、誰しもあるかと思います。しかしそもそも、この相性を判断するのは相手です。相手が「相性が悪い」と思っていないのに援助者側が先回りして役を降りることは、相手にとって人間関係を1つ失う体験になります。安易に援助者が交代することで、相手が「自分はやっぱりやっかいな存在なのだ」と自身にレッテルを貼ってしまい、ますます援助者との信頼関係が難しくなる可能性があります。

　すぐにあきらめずかかわり続けることや、どうしても交代する場合でも相手を尊重した態度で接していくことで、相性が改善しやすくなります。

しかし、お互いの関係が壊れるまで援助関係を継続することは、本来の目的である本人の問題解決から遠ざかるばかりで、決して適切ではありません。場合によっては、担当を交代することは、決して援助者として失格ということではありません。ここでも上司や同僚に相談するなど周りの協力を求めることが大切といえます。

6 お金が介在すると「困難」

　援助者のなかには、生活困窮の方の支援や、金銭管理のお手伝いをされている方もあるかと思います。日頃は十分に援助者とやりとりができる人でも、金銭のトラブルに巻き込まれることがあります。そうすると、多重債務、消費者金融、闇金、自己破産手続き等、私たちがもっている専門知識とは別の領域の知識が必要になります。

　そのような金銭トラブルに見舞われているケースには、専門家の協力や連携が必要になるため、困難に感じることもあります。

　お金についても、"宵越しの金は持たない"などの独特な価値観がある人は、約束していても計画的に生活することが考えにくいこともあります。言い換えると、これまでの人生をそのような生き方でやってこられた経験があるので、正論を言う援助者を煙たく感じるようになります。そのため、お互い折り合いがつかなくなることで支援方針が決まらず、そうした相手を援助者は困難な人と判断してしまいます。

2　対応が困難な事例で考えてみよう

　対応が困難と思える事例から、援助者にとってどこが困難に感じ、そこから相手にどう対応していけばいいのかを紐解いてみましょう。

【事例】福田さんの場合

　酒井さんはお酒が原因で仕事と家族を失ってしまい、自暴自棄の生活を送っています。生活保護ケースワーカーの福田さんは、酒井さんからの相談が最近苦痛になってきています。

　お家に訪問すると、毎回酒井さんは「自分はもう二度と酒を飲まない。真面目に仕事をしようと思うから信じて応援してほしい」ときっぱり再起を誓います。宣言するまではよいのですが、「苦手だから」と何かにつけて福田さんにハローワークへの連絡や就労面接の準備を頼み、就労の段取りを依頼します。ですが面接当日になると、お腹が痛いとかひどい頭痛がするとか身体の不調を訴えては、決まってドタキャンします。訪問して様子を尋ねると、「どうせみんな俺のことを馬鹿にして面接で落とすことはわかっている。嫌な思いをするだけだから面接はやめた」と言い、再び飲酒するのです。

　福田さんは、最初は純粋に酒井さんの再起を信じて、積極的に就労の手伝いを行っていましたが、すっかり裏切られた気持ちになり、酒井さんの「断酒して働く」宣言を思い出すとイライラするようになりました。最近では、近所の住民が「朝っぱらからコンビニで酒を買っている」「金を借りては返してくれない」「働かずに何をやっているんだ」と自治会長や民生委員に苦情を寄せるようになりました。そして、その度に自治会長や民生委員から福田さんに「保護を受けているなんてけしからん。しっかり指導監督して働かせて！」と連絡がきます。

　そのうち、福田さんは酒井さんを支援する意欲がわかなくなりました。以前から、生活弱者を支える仕事をしたかった福田さんは、酒井さんを受け入れられない理由が自分の志のなさにあるように思い、仕事にすっかり自信をなくしてしまいました。

　【事例】では、断酒の約束を守ってもらえない酒井さんに対して、福田さんはイライラしたり、相手を受け入れられない気持ちになったりしていました。訴えが頻繁に変わる相手の意向をその都度受け止めて対応したはずなのに、物事が全く進展しないので、自分が振り回されているだけではないかと福田さんが感じたからです。そうすると、当然コミュニケーションもうまくいかず、ストレスを感じやすくなります。これでは、相手をよく思えないので、よい対応が難しくなりますよね。

　こうしたとき、前節で述べた「対応が困難に思えるワケ」をもとに考えると、事態を打開するコツがいくつか見つかります。順を追って見ていきましょう。

1　誰のための支援かを考える

　まず、第7章でも述べましたが、「そもそも誰のための支援なのか」

に立ち戻ることです。断酒をしたいのは誰なのか、再飲酒することのつらさは誰が味わうのか。決断し実行するのは酒井さん本人であることに立ち戻ると、酒井さんが本来発揮すべき力やこちらの対応のポイントが見えてきます。

2 援助者のフィルターは外そう

　そのうえで、まず福田さんが対応困難と感じた理由に、「相手を理解できないから困難」が考えられます。飲酒を繰り返してしまう酒井さんが今度こそと再起を誓うとき、福田さんじゃなくても「どうせまた隠れて飲むのだろう」「アルコール依存症だから仕方ない」と思いやすいかもしれません。しかし、これは相手の未来を「どうせこうなるだろう」とくくってしまう援助者のフィルターです。そして、==フィルターを通して相手を見る弊害は、必ず援助者の言語や非言語のコミュニケーションに現れます==。例えば、言語では「今度こそはそう思うのですか？」とか「本当に断酒しますか？」といった否定や批判（相手が去っていく言葉）だったり、非言語ではうなずきやあいづちが少なくて、表情が乏しく固い表情での対応だったりすることです。これでは、酒井さんは援助者から信じてもらえないと感じ、事態を改善しようという意欲は萎えてしまいますよね。

　こうしたときは、酒井さんの心の動きに注意しながら、まずは非言語にも気を配って訴えを否定せずに聴くこと、気持ちを承認することで、問題解決へと踏み出すためのコミュニケーションを始めることができます。そして、酒井さんが本来もっている力を見つけてみましょう。援助者が酒井さんへのフィルターを取っ払い、**第6章**でも紹介したリフレイムを使って、酒井さんに潜在する力を考えてみます。例えば、「何度も禁酒を破って再飲酒する」ことは、「お酒で失敗してしまったけれど、今度こそやり直そうと考えることができる」ととらえ直すことができますね。実は、酒井さんは就職面接で落ちた惨めさを過去に経験しており、働くことの厳しさを感じています。にもかかわらず、

「働きたい」と考えることができることも酒井さんの力です。酒井さんのもっているこれらの力に気づいてもらうことが、問題解決に向けて酒井さんの意欲を高めることになるのです。

　人は、ダメなところが目についてしまうと、「何とか頑張ってみよう」という気持ちになれません。援助者が相手のもっている力に注目して、そこを相手に気づいてもらう。そうすることで、相手が自分のダメなところではなく自分のもっている力に注目できれば、問題解決に向けて「何とか頑張ってみよう」と思えるのです。援助者が、対応が困難だと感じているとき、出だしでつまずくことが多くあります。相手に「何とかやってみよう」と思ってもらえるようなコミュニケーションは、こんなふうに進めていくことができます。

3　「やってみよう」と思える目標に

　さて、福田さんが対応困難と感じた理由に、「援助者が設定した目標を達成できないから困難」もあります。酒井さんの目標は就労ですが、いきなり就労を目指すのは、酒井さんにとってそそり立つ絶壁のように高すぎる目標に見えてしまうのかもしれません。こんなときは、今の不安をしっかり受け止めたうえで、断酒や就労に向けて無理せずできることを目標として、スモールステップでの支援を組み立てることが必要です。

　例えば、最初の目標を「ハローワークへの連絡は酒井さんが自分で行う」のようにしてみてもよいでしょう。これだと、今の酒井さんにできそうなことなので「やってみよう」と思えますし、何より酒井さんの「自分はどうしたいのか」に焦点をあてることができます。就労という最終的な目標に向けて、最初の一歩は何がよいかを考えてみるとよいのです。とは言っても、酒井さんが困ったときに一緒に相談にのる態勢を示すなど、常に相手への勇気づけを意識することが援助者には求められます。

4　関係者との調整のコツは悪者捜しから降りること

　福田さんが対応困難と感じた最後の理由は、「地域や関係者から過度に期待されているから困難」です。近隣の方々の訴えには、「金を返してくれない」という事実なら不適切な行動の内容もあれば、住民のフィルターを通した訴えも見受けられます。援助者は、こうした問題について住民との対話を重ねるときには、住民の訴えを整理する必要があります。

　不適切な行動をしてしまった酒井さんにはそうする事情があるということ、そして酒井さんに事情があったとしても不適切行動による近隣の訴えももっともだということ。このように、どちらにも言い分があるので、「酒井さんはアルコール依存症だから不適切行動を許してあげてください」というお願いでは、近隣住民は納得しづらいでしょう。

　ここで大事なことは、援助者は第三者と接する際、本人を含む関係者との関係を崩さないように配慮することです。そのためには、「悪者捜しではなく、本人を含めた関係者がよい状態となるための話し合いをしたい」と伝えることも1つです。伝え方については**第5章**で紹介した「相手に伝えるときの作法」も参考にしてみてください。

　先ほど述べた近隣との対話についても、基本はまずは否定せずに傾聴することが相手との関係構築には最良です。しかし、このような場面で援助者一人の範疇以上のことを求められそうな際は、職場にもち帰って上司や同僚と相談しましょう。一人で抱え込み過ぎないということも、対応が困難だと思わないために大切です。

　以上、事例を通していくつかの対応をお伝えしました。対応が困難だと思うようなケースにかかわるときは、急いで事態を好転させようとしないことです。少しでもどこかが変化することで、それがきっかけとなって問題解決は少しずつ前に進んでいくものです。

3 "対応困難ケースをものともしない人"から学ぶ

　問題が複雑に絡み合い、一般的な常識が通じず、こちらの意図が伝わりにくいような相手とその家族に対して、私たちはさまざまな関係機関と連携して支援しようとします。しかし、いくら頑張っても状態が改善できなかったり、相手とその家族と信頼関係を築くことができないことは確かにあると思います。この本を読んでコミュニケーションスキルをある程度マスターし、実践に用いることができ、そのほかにいくら経験を積んでいても、簡単に事は運びません。場合によっては、悩みすぎて心がつらくなってしまう人や燃え尽きてしまう人もいるのではないでしょうか。しかし、対人援助にかかわる仕事をしていると必ず対応困難ケースに出くわすので、私たちにとって逃れられないものかもしれません。

　しかし、あなたの近くにいるはずです。

　「何かあの人が担当するとうまくいくな」

　「結構大変なケースなのに何とかやれているな」

　「何であんなに気楽に考えられるのだろう」

　自分だったらとても耐えられないケースなのに、ケース自体が全然改善していないのに、その人は疲れた表情もなく、本当に今対応困難ケースに頭を悩ませているのだろうか、と疑いたくなる人。抱えている課題の多い人やその家族とつかず離れずの関係を保ち、淡々と仕事を進めているようにみえる人。

　そんな人はどんな特徴があり、どんな武器をもっているのでしょうか。それを理解し、身につけることができれば、私たちも対応困難ケースに立ち向かうことが今よりもずっと楽で、気持ちも前向きになるのかもしれません。したがって、コミュニケーションスキルに上乗せすれば、対応困難ケースと何とか付き合える程度にはステップアップできる可能性を期待して、"対応困難ケースをものともしない人"の特

徴をまとめてみました。

ただし、対応困難ケースに必要なスキルとして身につけておくべきかどうかはこの本を読んでくださっているあなた自身の判断にお任せしたいと思います。

対応困難ケースをものともしない人には、次のような不思議な特徴があるのです。

1　まわりから見て大変なケースを担当しているように見えない

対応困難ケースをものともしない人は、よくこんな言葉を口にします。

> 「まぁ、いいかぁ」

しかも、明るく伸びやかな口調で。私たちが、「どうしよう」「どうなってしまうのだろう」「困ったな」等とマイナスなイメージを口にし、

頭を抱えてしまうところを、その人は天井を見上げてこうつぶやくのです。

　何て不真面目でいいかげんなのでしょう。しかし、「まぁ、いいかぁ」の意味を聞くと、「なるほどなぁ」と思えることもあります。対応困難ケースのなかには、にっちもさっちもいかないような、今日明日にはどうにもならない課題に振り回されることがよくあります。そのうえ相手は、さほど問題に感じていないことも多いのです。相手自身は困っておらず、改善する必要はないと感じているのに、私たち援助者側が問題を次々と見つけ、望ましくない将来像を予測して、今の段階でどうにかしようと奮闘する姿は、よく目にしますし、あなたにも経験があるのではないでしょうか。

　こんなときの面接は、普段の何倍も疲れてしまいます。相手の考えを尊重するかかわりのなかで、相手自身が問題意識をもって取り組もうとする姿が理想なのですが、そちらの方向になかなか向いてくれない。そこで、「（相手が困っていないのなら、今日のところは）まぁ、いいかぁ」とか「（今日はこちらの提案のうち、1つだけだけど、うなずいてくれたから）まぁ、いいかぁ」となるわけです。

　相手の生活を分析した結果、解決すべき問題と相手の関係は、長年の付き合いによって当たり前の生活となっており、相手自身は今すぐの解決を求めていないとわかることがあります。その場合、法律を犯しているわけでもなければほかの人にひどい迷惑をかけているわけでもない、と判断してからの「まぁ、いいかぁ」であれば、決して投げやりな発言ではないと思うのです。まだまだ問題は山積していたとしても、そのとき、その瞬間のゴールには達した、何とか落としどころが見つかった。それからの「まぁ、いいかぁ」であれば、そのような状況を客観的かつ冷静に見ることができているからこその、意味ある一言のような気がします。そして――

> 「〇〇さんのことは、今日はこれくらいにして」

とつぶやきながら別の仕事にとりかかる姿が何とも落ち着いて見え、とても大変なケースを担当しているように見えないのではないでしょうか。

2 悩んだり疲れたりすると同僚や上司に話して意見を聞こうとする（聞いてくれる相手がまわりにいる）

これは一人で抱え込まず、誰か相談に乗ってくれる人たちがいつもそばにいる環境で仕事ができている人のことで、相談だけではなく、愚痴を聞いてくれる人がいつも複数人まわりにいる。例えば、対応困難ケースの家庭訪問から帰ってきて、ため息1つでもつこうものなら、「何かあった？」とか、ねぎらいの言葉をかけてくれる上司や同僚、後輩がいる職場、ということでしょうか。

一方、役割分担がはっきりしている職場では、みんながそれぞれの業務に没頭し、ほかの人がどんな仕事をしていて、それのどこが大変なのかわかりにくい傾向にあるようです。たとえ職場の人間関係が良好であってもです。しかし、対応困難ケースをものともしない人は、そんな環境でもお構いなしに、まわりに話しかけてくるし、ときには愚痴をこぼしたりします。そしてまわりも、そんなにうるさがらずに聞いてあげています。

職場環境においても、そこで働くみんなが、==受容と共感をもって支え合う雰囲気が浸透していれば、もし対応困難ケースを担当して疲れても早くに回復する==ことができるのではないでしょうか。

3 就業時間と時間外の切り替えや休暇を上手にとる

これは、私たちにとって真似するのはとても難しいことかもしれません。多くの対応困難ケースは、その対応内容を記録で残しておくことが重要になります。ですから、長時間に及ぶ面接がやっと終わったと思えば、上司への報告や詳細な記録を残しておかなければなりません。そのため、その他の対応困難でないケースと比べて、かなり時間が取られることになるのです。結果として残業が多くなるとか、休みが取れなくなってしまい、疲労が蓄積してしまうのです。

対応困難ケースをものともしない人は、疲労がたまる前に心や体を休めるタイミングをよく理解しているように思います。「今、これ以上ジタバタしても何も進展しないから、ちょっと休むか」と、自分のリフレッシュのために休暇を取り、実際にリフレッシュして職場に戻ってくることができるのです。就業時間には比較的私語が少なく、集中して仕事をしていますが、終業時間を過ぎれば、ぱっと切りかえる能力をもっているようです。

4 デスクの上や引き出しの中がきれい

賛否両論あるかもしれませんが、対応困難ケースをものともしない人のデスクはきれいなことが多いです。書類や物品の量のことや、デスクそのものの見た目ではありません。机の中の収納も何となく小綺麗で整理されているのです。それは仕事が効率的になる、といったメリットもありますが、その人の「考え」や「思い」の整理もうまくいっているようにも見えます。

対応困難ケースの相手と面接しているとき、私たちはいろんな「考え」や「思い」がわき起こります。場合によっては、私たち自身が混乱してしまい、相手に伝えたかったことの半分も伝えられないことがあります。

しかし、対応困難ケースをものともしない人は、相手が怒り出した

り、理不尽な要求をしてこられても、最適な言葉を選び出して応じることができたり、相手から発せられた言葉をうまく吸収したり、聞き流すことができるのです。

「これは取り出しやすいところにしまっておいて、これは捨てる、これは1週間だけ保管しておいて用がなければ処分」と、すべての事柄の振り分けが時間をかけず、スムーズに的確に行えているのです。それはまるで、自分のデスクの引き出しからスムーズに必要な物を出し入れしているように見えるのです。

5 記録（支援経過記録）が上手

　対応困難ケースで、上司への報告や記録は、欠かしてはいけない重要な業務です。上司への報告は口頭で行うこともありますが、記録はほとんどの場合文字にすることになります。先ほどまで面接していた内容を、文字にする作業はそう簡単ではありません。

　記録のルールは、職場やケースによってさまざまだと思いますが、基本的にはできるだけ事実に基づいて、客観的に書くことが求められ

ていると思います。つまり、全く関係のない公平な視点をもった第三者が記録を読んでも、起こっている事実と対応状況がわかりやすくまとめられている必要があるということです。

特に対応困難ケースは、トラブルに発展する可能性をいつもはらんでいることから、日頃から詳細な記録を書くよう心がけましょう。万が一、相手とトラブルになり、情報開示を求められたり、告訴された場合、その記録が重要な役割を担うことになります。

対応困難ケースをものともしない人の記録は、誰が読んでも理解しやすいことが多いように思います。例えば、面接の状況が目に浮かぶように表現されています。また援助者側の目的が明確になっており、そのためにどのような意図をもって面接に臨んだか、結果としてどうなったか、相手が面接の前と後でどのような変化が見て取れたか、相手の言葉や反応が客観的に書かれています。面接の場面以外にも、ある問題に対して、誰と協議しどのような根拠のもとに判断したか等も書かれています。たとえそのケースを他の援助者が引き継ぐことになっても、難なくとまでは言いませんが、かなり助かるはずです。

6 目標や目的の切り替えを躊躇しない

ここでは対応困難な相手側の「目標・目的」ではなく、私たち援助者側の「目標・目的」について述べようと思います。

例えば、家庭訪問して面接するために相手の家に行ったとします。しかし、今日は相手の機嫌や調子が悪く、玄関の扉をどうしても開けてくれない。そんなとき、何とか扉を開けてくれるよう、扉をはさんで説得しようとしますが、相手はよけいに興奮してしまい、全く扉が開く様子はない。

そんなとき、あなたはどうしますか？

「それでは、後日あらためます」と言って相手の家を後にすることも１つの方法かもしれません。ですが、対応困難ケースをものともしない人は、「そこの窓から顔だけでも見せてくれませんか？」とか「来

週の水曜日の14時にまた来ますね。いいですか？」といった投げかけをします。そして、相手が横の窓から顔を見せてくれたり、次回の訪問日を了承してくれたりした時点で、相手にお礼を言って引き上げてしまいます。

　これは、相手との面接をあきらめたのではありません。対応困難ケースをものともしない人が目的としていた「相手と面接をする」から、「今は相手とのわずかなつながりを確認した」という目的に切り替えたのです。

　ただ「帰ります」と引き揚げると、相手は「見放された」と誤解するかもしれません。それより相手との関係を継続するために、身近で達成可能な目的に切り替えることが必要な場面は多くあります。

　私たちが対応困難な人を支援していくなかでは、大きな達成感を味わうことは少なく、かえってささいな目的や目標を積み上げていくことのほうが多いと思います。対応困難ケースをものともしない人は、それを理解しているのではないでしょうか。

7　今いる立場からすぐに裏方にまわることができる

　相手と信頼関係が構築され、面接も比較的スムーズになってくると気をつけてほしいことがあります。それは、相手との距離のとり方です。相手が私たちに依存心を抱く可能性を考慮し、これを回避したり配慮したりする話は**第6章**と**第7章**で詳しく述べられていますので、そちらを参考にしてください。ここでは、私たち援助者側にスポットを当てようと思います。

　対応困難ケースの多くは、私たちだけがその人にバタバタと振り回されるのではなく、相手をとりまくさまざまな関係機関も振り回されています。するとときには、関係機関が私たちに頼りがちになる場合があります。例えば、地域で迷惑行為を繰り返している人がいて、その人を入院させるか施設に入れてほしい、と他の機関や地域住民から

相談を受けることがありませんか？　でも、よく考えてみると、私たちはその人を施設に入れたり、病院に入院させたりするような強制力を与えられていませんし、その人の保護者でもありません。

　私たちは、対人援助技法を駆使してその人と専門的関係性を築くことはあっても、それ以上の人間関係を築くことはできません。しかし、まわりの関係機関や地域は、その人と信頼関係を築いている私たちを保護者のように思っていて、「その人を何とかできる存在」ととらえていることがあるのです。

　注意すべきは、私たち援助者側が関係機関や地域から見られているような「その人を何とかできる存在」であることを受け入れてしまい、まわりに対してあたかも保護者のように振る舞ってしまうことです。私たちは相手にとってよき理解者か、場合によってはまわりに対して相手の代弁者になることもありますが、保護者や代理人として振る舞うことは職務権限を逸脱していることになります。つまり、私たちがその人にとって一番の存在になることは、できれば避けたほうがよいということです。

　一方、対応困難ケースをものともしない人は、その辺りの立ち回り

がとても上手だと思います。自分ができることの限界を知っていて、今より事態が好転するのであれば、相手にとってより影響力のある人や関係機関に譲って自分は裏方となることを厭(いと)いません。もし、あなたがこれまで苦労して対応してきたケースを他者に譲ってしまうことに抵抗感があるとすれば、その考えは大きな間違いです。

> 「この人には私がついていないと」
> 「私以外にこの人のことを理解している援助者はいない」

このような考えは、相手と距離が近すぎてお互いに依存している状態と認識してください。

いかがでしたか？　すでにおわかりかと思いますが、困難ケースをものともしない人は、相手や物事とのほどよい距離感を心得ています。そしてそれは適切なコミュニケーションと合致しています。まわりから大変そうに見えない理由は、相手のニーズを優先順位ごとに分析することできちんと整理できていることもわかりました。

あなたが共感し、真似ができそうな項目があればぜひ挑戦してみてはいかがでしょうか。これまでの対応困難ケースを、違った角度から見ることができるかもしれません。その結果、あなたの気持ちが少し前向きになり、対応困難な人とよりよい関係を築くことができれば幸いに思います。

4 対応が困難だと思わないために

対応が困難に思える人は、結局、私たち援助者が作り出してしまっているという話から始めた本章と対人援助の作法について述べてきた本書も、この節で最後となります。

「この人、かかわりがとても難しい」「このケースは困難事例だ」と思ってしまうことは、対人援助をしていると何度となく訪れます。けれども、相手を「対応困難」という一色に塗りつぶしてしまうことが、相手へのかかわりを不必要に難しくしてしまうのです。

　例えば、あることに取りかかろうとするときに、「とっても難しそうだから自分には絶対に無理」と思いながら始めるのと、「できそうなところから無理せずチャレンジしてみよう」と思いながら始めるのでは、どちらがより自分のもっている力を発揮できるかは明らかですね。

　思考の自由度は、思考の精度に深くかかわっています。つまり、考えが自由であればあるほど、そこから生まれるアイデアはより質が高く正確である可能性が高まるのです。「この人は対応が困難だ」にとらわれてしまうと、思考の自由度は狭まり、よりよい援助を展開するためのアイデアは浮かびにくくなります。とはいえ、一度「難しそう」と思ってしまった自分に対して、「難しくないよ」と言い聞かせることも難しい話です。

　もしあなたが、「対応困難」という考えで相手を見てしまったら、「そんなふうに思ったんだね」と自分の判断を否定も肯定もせず、優しく受け止めてあげてください。「そんなことない」と否定するのは、その考えを避けようとしてしまっている。反対に、「そうだそうだ、この人は対応困難だ！」と肯定するのは、その考えにのめり込もうとしている。避け過ぎるのものめり込み過ぎるのも、よい結果を私たちにもたらしません。

　無理して自分の考えを変えようとするのではなく、無理せず自分の考えを承認してあげる。そのうえで、目の前の相手は何に困っていて、それを解決するために自分やまわりは何ができるのかを考えてください。そのためのヒントは、この本の中にしっかりと紡いだつもりです。

　支援を必要とする人とかかわるとき、私たちは短距離走のように全力疾走でスタミナを使い切り、倒れ込むようなことがあってはいけま

せん。ジョギングやウォーキングのように無理のないスピードで、相手と併走するようなイメージで長い道のりを進んでいく気持ちが必要になります。途中で何かが起こり、運よく事態が劇的に好転することもありますが、多くの場合は少しずつ進展していくことが多いのだと思っていると、腰が据わります。援助者であるあなたも援助を受ける相手も、「無理して」ではなく「無理せず」という構えで向き合う。そうしたことが、対応が困難だと思わないための「心の構え」を育んでくれます。

おわりに ――本の「おわり」に「はじまり」を書きます――

　鳥取県内における対人援助への着目や学習の広がりは、「在宅支援をすすめる会」が鳥取県に出した以下の要望書から始まったと考えています。

平成23年9月7日

鳥取県知事　平井伸治様

在宅支援をすすめる会
（精神・高次脳機能障害、認知症介護家族の会）
要　望　書

　私たちは在宅での、2次障害・精神症状・問題行動（以下「2次障害等」と表記）などと呼ばれる問題で長い間苦労してきました。障がい・高齢者・児童・自殺予防ＤＶ・引きこもり、いずれの分野でも厳しい2次障害等がある人（又は家族）の支援は困難を極めており、こうした問題の解決策は見当たらないと、感じている人も少なくないと思われます。下記の3つの事を要望しますので、問題解決に向けて取り組みをすすめてください。

記

1. 2次障害等対応のため「相談員基礎研修」を検討してください。

2. 2次障害・精神症状・問題行動のある人（精神障害・高次脳・発達障害・認知症等）に適した支援の充実を

3. 在宅の障がい者支援に適した「在宅支援モデル」が必要

　「在宅支援をすすめる会」は2011（平成23）年度に、精神障害・高次脳機能障害・発達障害・認知症の人の介護家族、肢体不自由のある当事者などで結成され、「問題行動対応」の充実を要望しました。「行政が実施する研修」

を含めた2次障害・問題行動等への対応策が、あまりにも貧弱で困っていたからです。

　当初、県に全分野共通の問題行動基礎研修実施を要望したのですが、県だけでは難しいとの返事でした。そこで、問題行動基礎研修のカリキュラム作りを2011（平成23）年11月頃から翌年の7月にかけて、「官民協働」で行いました。毎月、夜に1回のペースでカリキュラムの検討会を鳥取県西部の米子市で開催したのですが、そこに県の障がい福祉課長・長寿社会課職員が県東部の鳥取市から毎回参加（米子―鳥取間は約90km）したのですから、本当に「官民協働」でした。そして、2012（平成24）年7月23日に、「官民協働カリキュラム検討会」のメンバーを中心にして「地域で支える仕組み研究会」が結成されました。この本の主要執筆者にも、「地域で支える仕組み研究会」結成当初からの会員が多くいます。

「初の問題行動基礎研修」開催前の発想
　当時（2012（平成24）年9月）のデータを検索していたら、以下の資料を発見しました。こんなことを考えながら、問題行動基礎研修の内容を練っていたのでした。

相談業務の基本とは何か？

　相談業務でも、介護でも生活支援でも、子どもでも障害者でも高齢者でも、対人援助業務に共通する基本が、相談業務の基本でもあると思います。

対人援助の基本とは何か？

　人間と人間がコミュニケーションをとるときの基本的パターンを知る・基本スキルを身につけることが対人援助の基本だと思います。具体的には下記1〜2になります。
　1. 被援助者との信頼関係を築く非言語的コミュニケーションの力
　2. 被援助者との信頼関係を築く受容・傾聴スキル

> 人間同士のコミュニケーションの基本＝対人援助の基本です。

　人間同士のコミュニケーションの基本だからこそ、子どもの支援でも、障害者の支援でも、高齢者の支援でも、一般の人の対応にも、すべてに使える共通の基礎になり得るのです。

> 現在の研修の問題点（＝普通の人間が固有種にかかわる方法という視点）

　認知症研修・高次脳機能障害研修・発達障害研修、それぞれの「障害特質（脳の機能障害）」からアプローチする手法をとっています。これだと「人間としての認知症」というより「固有種としての認知症」にどうかかわるか、という研修になってしまいがちです。わかりやすく言うと、対人援助の基礎を教えずに、障害特質から教えようとするので、日常的な支援がスムーズにいかないのだと思います。

> 障害特質研修の弱み

　問題行動等の日常生活上の問題は、下記3点がミックスされて生まれると思います。
　①　身近な人間関係の不調
　②　現在の生活環境・これまでの成育歴
　③　脳の機能障害

　上記のうち③は、主に医療の領域で、①②が対人援助の領域になると思います。③「脳の機能障害」からアプローチすると、第1目標が治療によって脳の障害を治すことになりやすく、日常生活の安定に必要な①②からのアプローチが弱くなる危険性があります。「障害特質研修」のもう一つの弱みは、被援助者の反応や支援方法がパターン化されやすいことです。いくつかの典型的な○○障害者と典型的な対応方法、という研修になりやすく、典型＝マニュアル化を目指してしまいます。これは有効性に乏しい方法です。なぜなら、問題行動が生まれる背景は千差万別であり、マニュアル化は困難だからです。問題行動の背景を推察する力をつける方が、対処のマニュアル化よりずっと有効だと思います。

初めての「問題行動基礎研修」開催

2012（平成24）年11月～12月にかけて3回、米子市で「相談業務スキルアップ研修」という名称の、現在（2018（平成30）年度）の基礎研修と応用研修を併せたような内容の研修を初めて開催しました。土曜に開催したのですが、毎回110名前後の参加者があり、研修会場が狭くパンク状態でした。

初回ゆえ、研修内容自体には拙い部分もありましたが、受講者の熱気がそれを補って余りある状態で、ここまで反応があるとは思いませんでした。さらに、鳥取県東部・中部からも毎回30名程の参加者があり、東・中部でも対人援助や問題行動の基礎的研修を開催してほしいとの声が多く出ました。それを受け、2013（平成25）年度には西部・東部で開催、2014（平成26）年度には東・中・西部の3か所で研修開催という現在の形になりました。

基礎テキスト作成から書籍の出版に発展

2017（平成29）年の3月に、「対人援助基礎研修」の講師を2012（平成24）年度から受け持ってきた竹田伸也さんの呼びかけで、「コミュニケーションの基礎テキスト」を作る作業が、「地域で支える仕組み研究会」有志で始まりました。

竹田さんの発想は、「自分（竹田）一人が基礎研修の講師をしていても（対人援助職）全体の底上げには結びつかない。『地域で支える仕組み研究会』のほかの会員も基礎研修の講師をできるようにするほうが、対人援助の裾野が広がり、ずっとよいのではないか」というような感じではなかったかと思います。そうした発想には心から賛成します。「基礎テキスト」を作成する作業が書籍（『対人援助の作法』）として結実し、こうして皆様に読んでいただけるようになりました。

2011（平成23）年に始まった介護家族や当事者の取り組みが、こんな形に発展するとは、いい意味で想定外の喜びです。今後も、もっと多くの想定外の嬉しい出来事が起こることを期待して「おわり」にします。

地域で支える仕組み研究会会長　井上　徹

編著者・執筆者一覧

編著者略歴

竹田伸也（たけだしんや）
▶はじめに、第4章、第5章

鳥取大学大学院医学系研究科臨床心理学専攻 准教授。博士（医学）。
香川県丸亀市出身。鳥取大学大学院医学系研究科医学専攻博士課程修了。
鳥取生協病院臨床心理士、広島国際大学心理科学部講師、鳥取大学大学院医学系研究科講師を経て現職。日本老年精神医学会評議員、日本認知症予防学会評議員等を務める。
「生きづらさを抱えた人が、生まれてきてよかったと思える社会の実現」を臨床研究者として最も大切にしたい価値に掲げ、全国の仲間と協同しながら研究や教育、執筆、講演等を行っている。
主な著書に、『認知行動療法による対人援助スキルアップ・マニュアル』（遠見書房、2010）、『マイナス思考と上手につきあう認知療法トレーニング・ブック - 心の柔軟体操でつらい気持ちと折り合う力をつける』（遠見書房、2012）、『「マイナス思考と上手につきあう認知療法トレーニング・ブック」セラピスト・マニュアル』（遠見書房、2012）、『対人援助職に効くストレスマネジメント - ちょっとしたコツでココロを軽くする10のヒント』（中央法規、2014）、『心理学者に聞くみんなが笑顔になる認知症の話 - 正しい知識から予防・対応まで』（遠見書房、2016）、『対人援助職に効く認知行動療法ワークショップ - 専門職としての力量を高める3つのチカラ』（中央法規、2017）など多数。

執筆者一覧

井上聖子（いのうえせいこ）
▶第1章、第6章

社会福祉法人地域でくらす会
ケアマネジャー兼障害者相談支援専門員

井上　徹（いのうえとおる）
▶第1章、おわりに

社会福祉法人地域でくらす会
理事長

今北哲平（いまきたてっぺい）
▶第1章

鳥取生協病院　臨床心理士

大橋賢二（おおはしけんじ）
▶コラム「キーワード」

米子市福祉保健部福祉政策課
課長

片平志保（かたひらしほ）
▶第2章、第7章、コラム「逆境に負けないココロ」

西日本旅客鉄道株式会社
米子健康増進センター　保健師

さいこひさえ
西古久恵
▶第1章、第4章、第7章

社会福祉法人地域でくらす会
障害者相談支援専門員

しばたにまこと
柴谷　淳
▶第1章、第6章、
　コラム「Aufheben」

社会福祉法人地域でくらす会
ケアマネジャー兼障害者相談支援専門員

すずきえいじ
鈴木瑛二
▶第1章

米子市福祉保健部こども未来局
こども相談課　主事

にしだちひろ
西田千紘
▶第3章、第7章

米子市福祉保健部こども未来局
こども相談課　保健師

はやしばらあい
林原　愛
▶第1章、第4章、
　コラム「私がここで働く理由」

社会福祉法人遊歩　相談支援事業所
われもこう　障害者相談支援専門員

ひらばやしかずひろ
平林和宏
▶第3章、第6章、
　コラム「ポジション」

一般社団法人権利擁護ネットワークほうき
社会福祉士

ふじいゆき
藤井有紀
▶第1章、第3章、第8章、
　コラム「相手の悲しみに寄り添う」
　　　　「信じて待つ」

社会福祉法人地域でくらす会
障害者相談支援専門員

ふじはらのりこ
藤原紀子
▶第1章、第2章、第5章

YMCA米子医療福祉専門学校
介護福祉士科専任教員

対人援助の作法
誰かの力になりたいあなたに必要な
コミュニケーションスキル

2018年9月20日　初版発行
2021年11月15日　初版第4刷発行

編著者：竹田伸也

発行者：荘村明彦

発行所：中央法規出版株式会社

〒110-0016　東京都台東区台東3-29-1　中央法規ビル
TEL 03-6387-3196
https://www.chuohoki.co.jp/

ブックデザイン：mg-okada

本文イラスト：坂木浩子

印刷・製本：株式会社太洋社

本書のコピー、スキャン、デジタル化等の無断複製は、著作権法上での例外を除き禁じられています。また、本書を代行業者等の第三者に依頼してコピー、スキャン、デジタル化することは、たとえ個人や家庭内の利用であっても著作権法違反です。

定価はカバーに表示してあります。
落丁本・乱丁本はお取替えいたします。
ISBN978-4-8058-5750-2

本書の内容に関するご質問については、下記URLから「お問い合わせフォーム」にご入力いただきますようお願いいたします。
https://www.chuohoki.co.jp/contact/